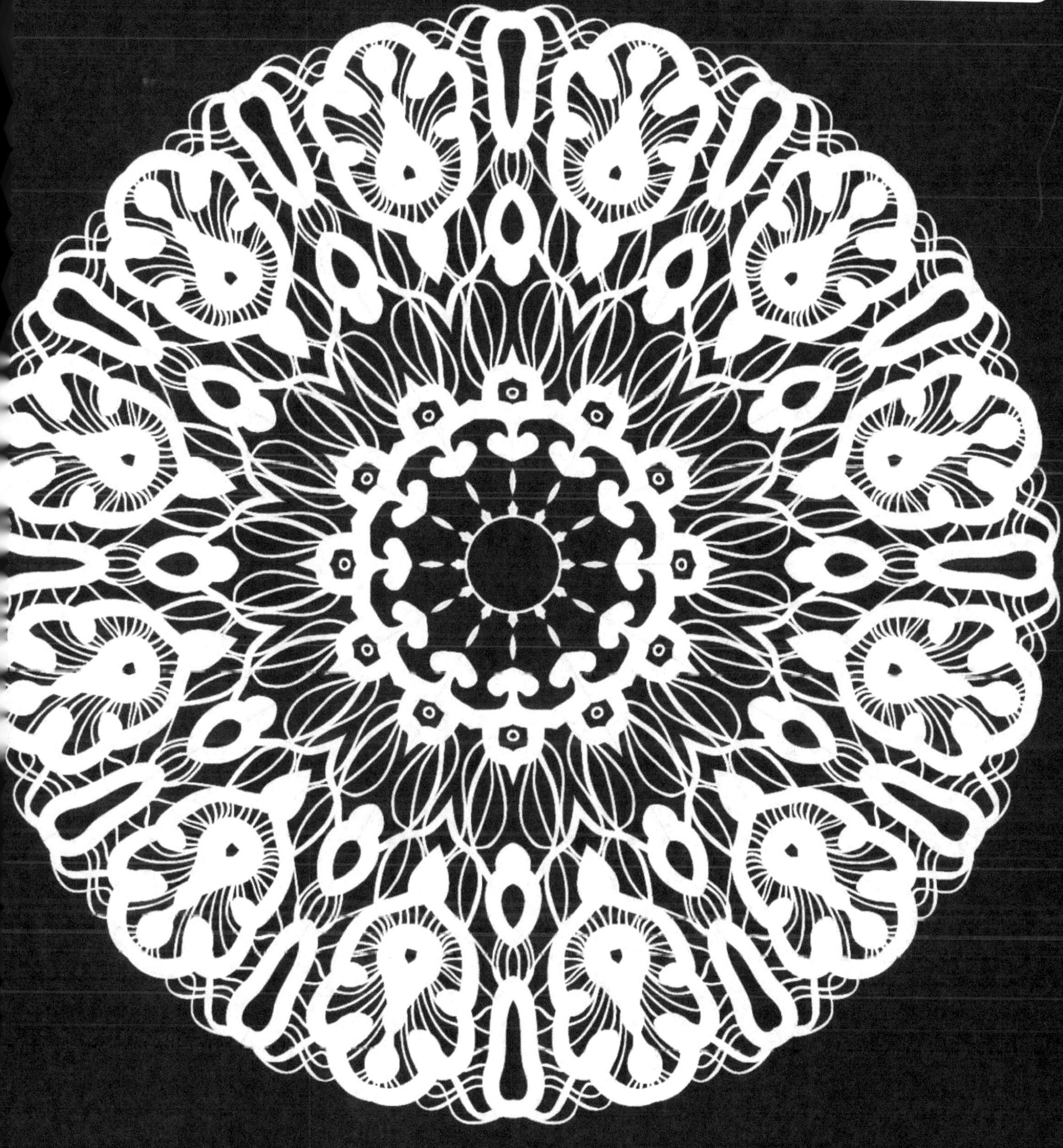

E D W A R D   R A M O S

www.facebook.com/eramos.ph

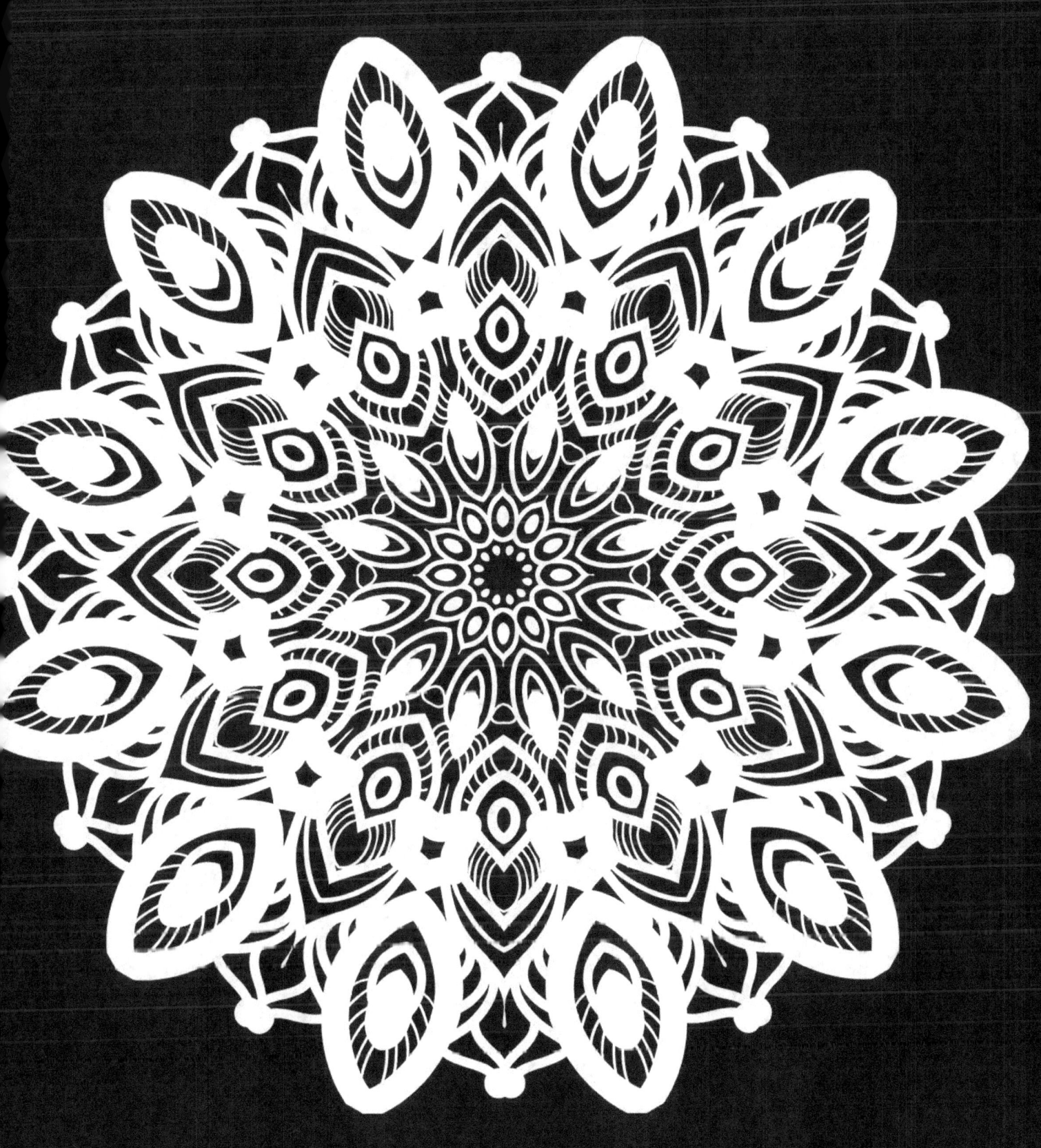

EDWARD RAMOS

www.facebook.com/eramos.ph

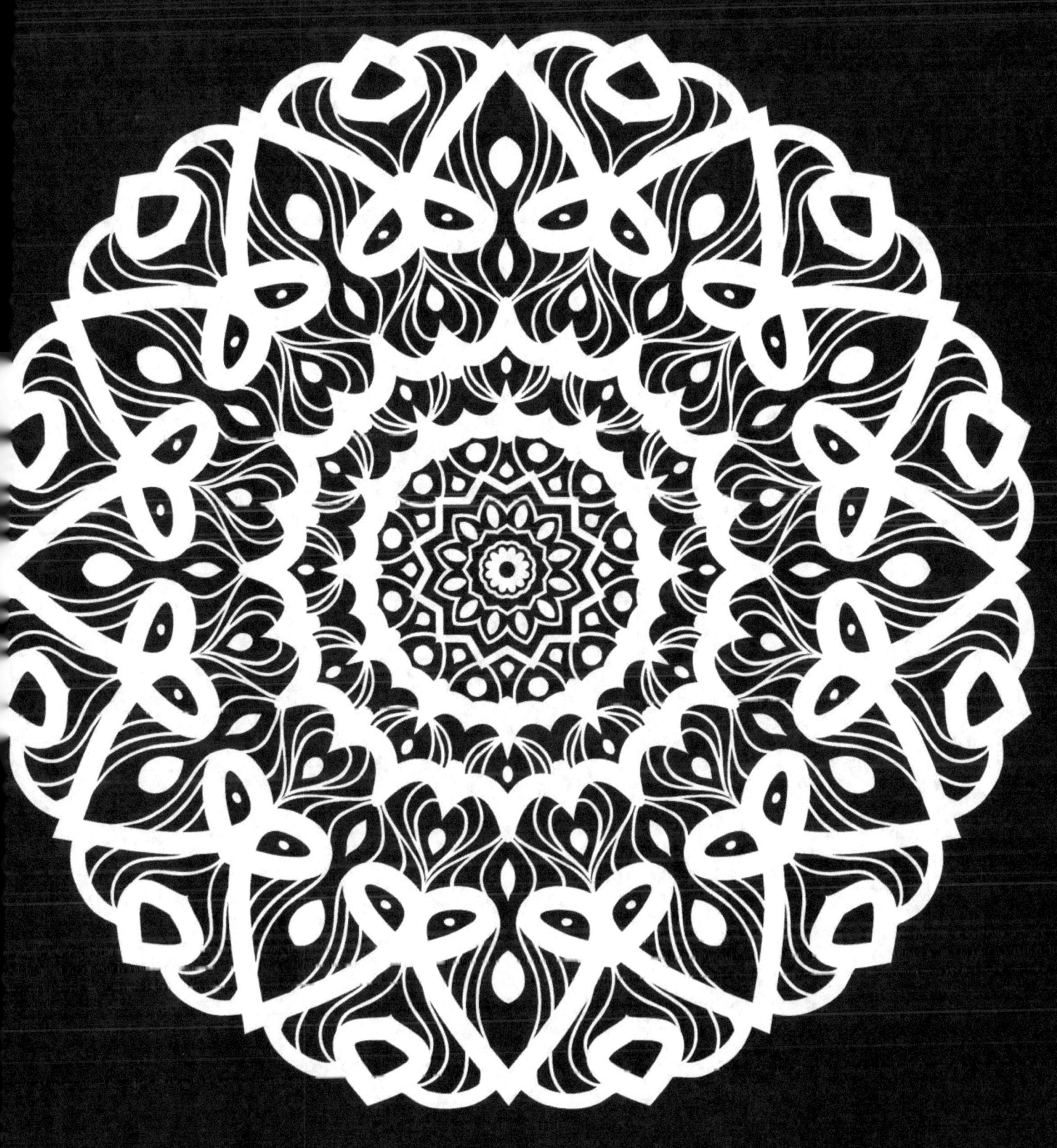

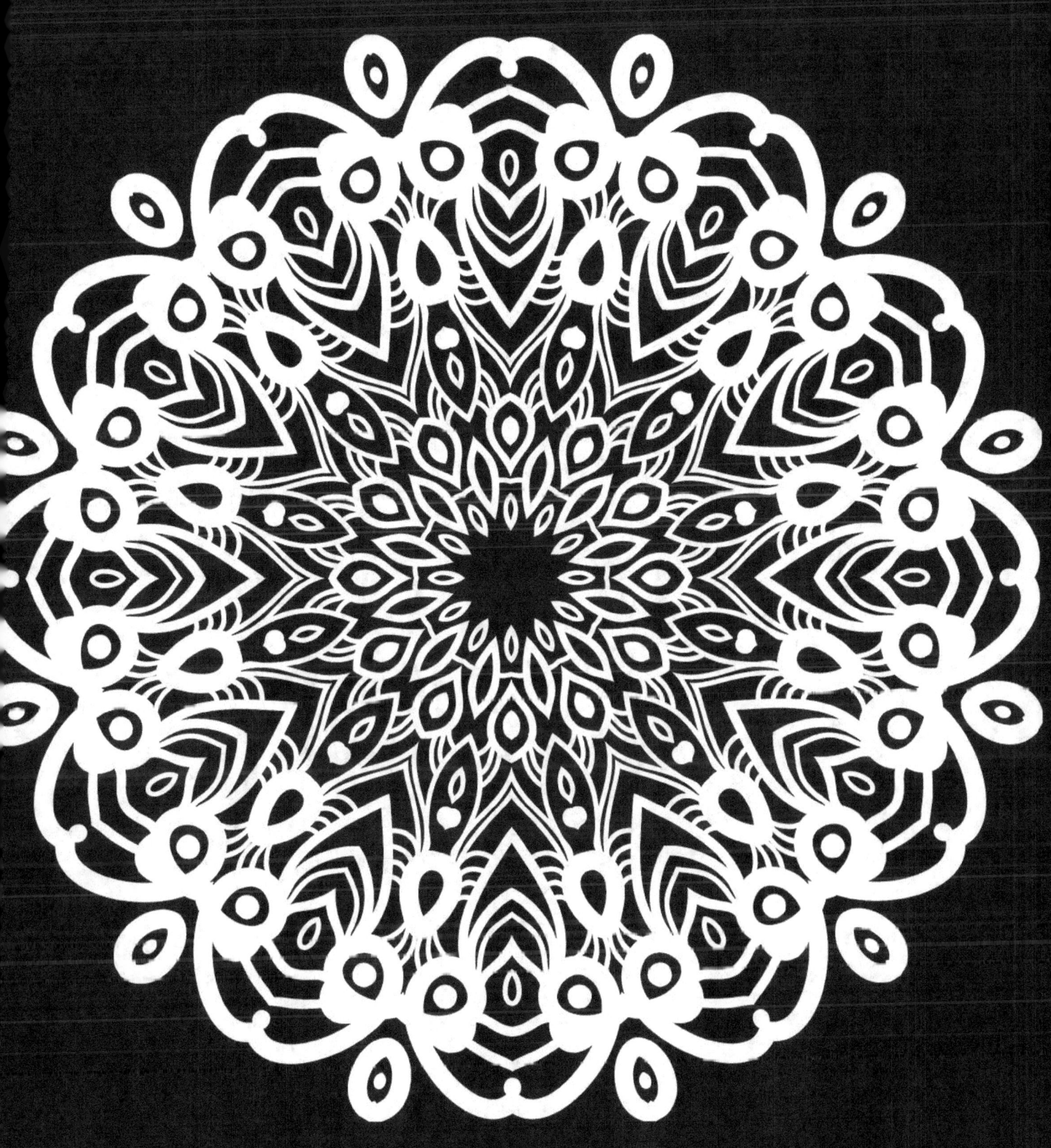

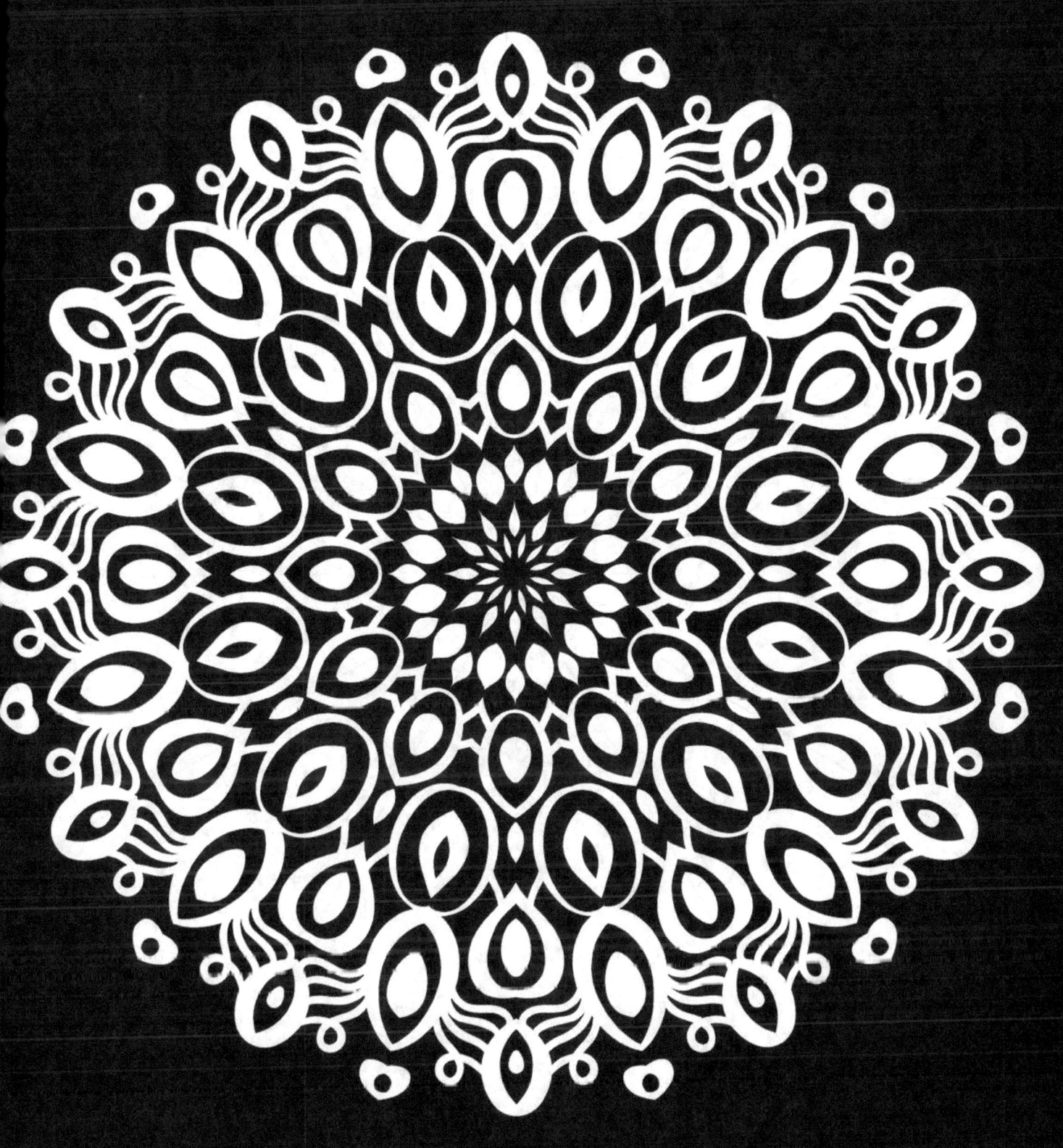

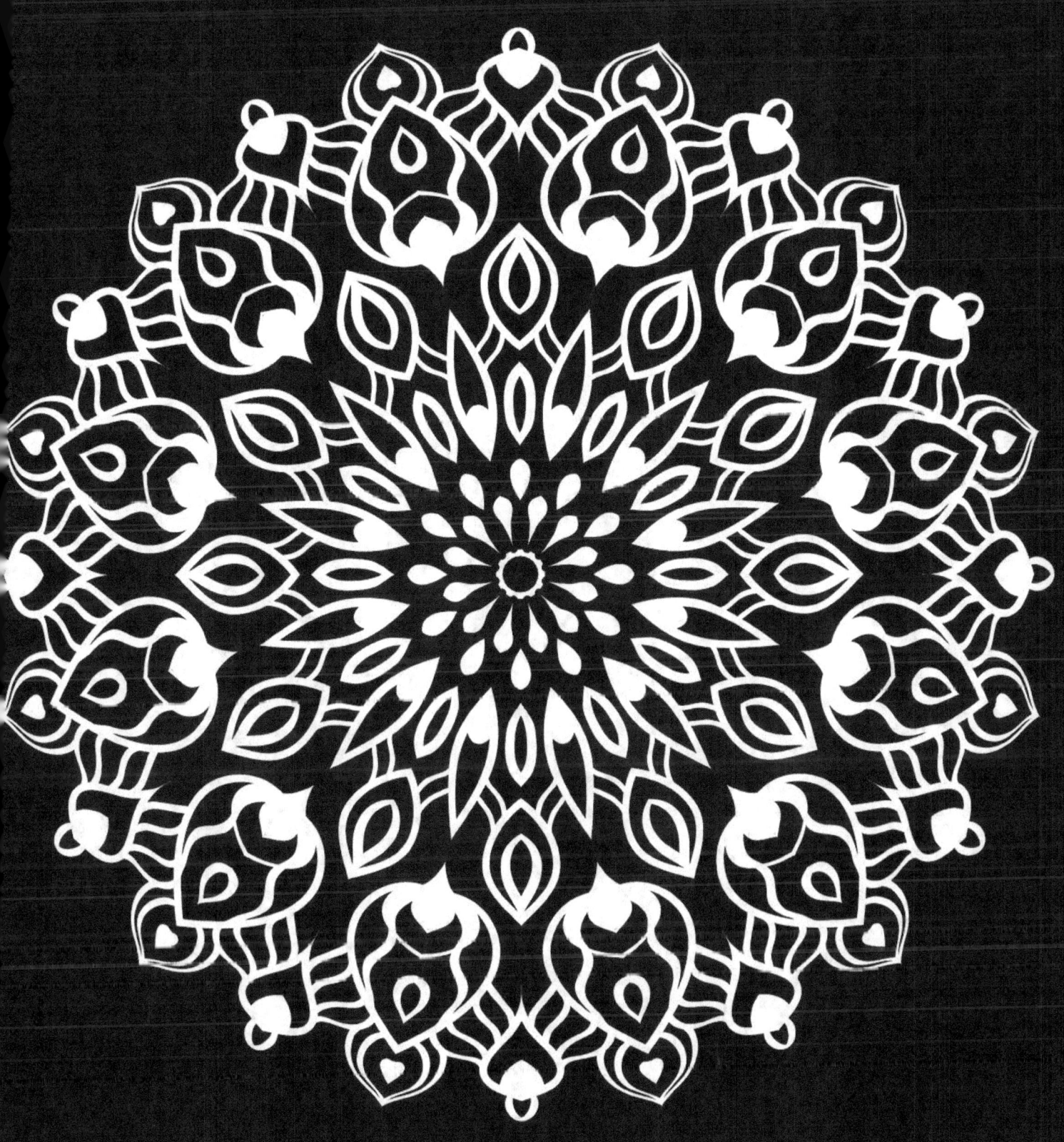

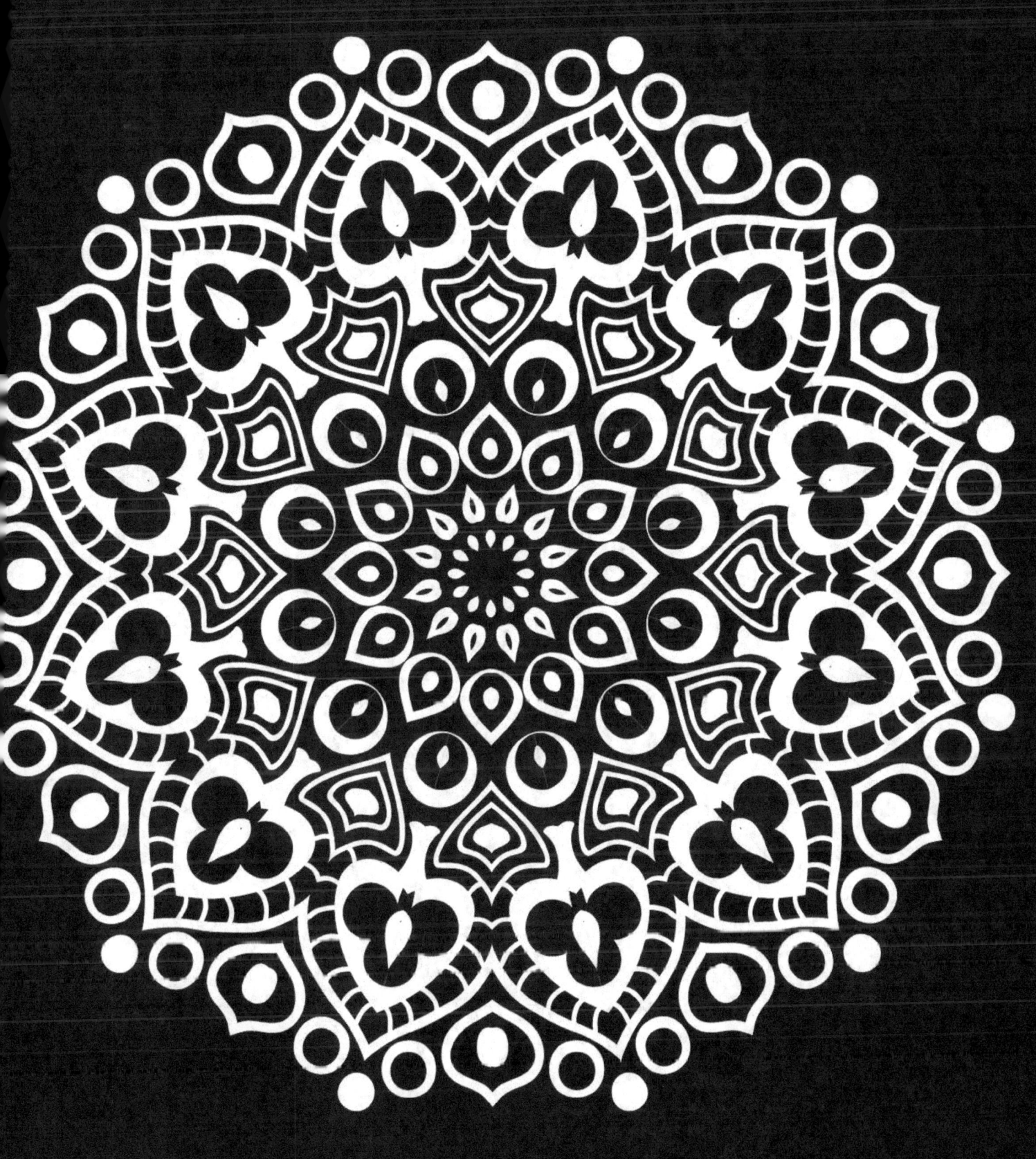

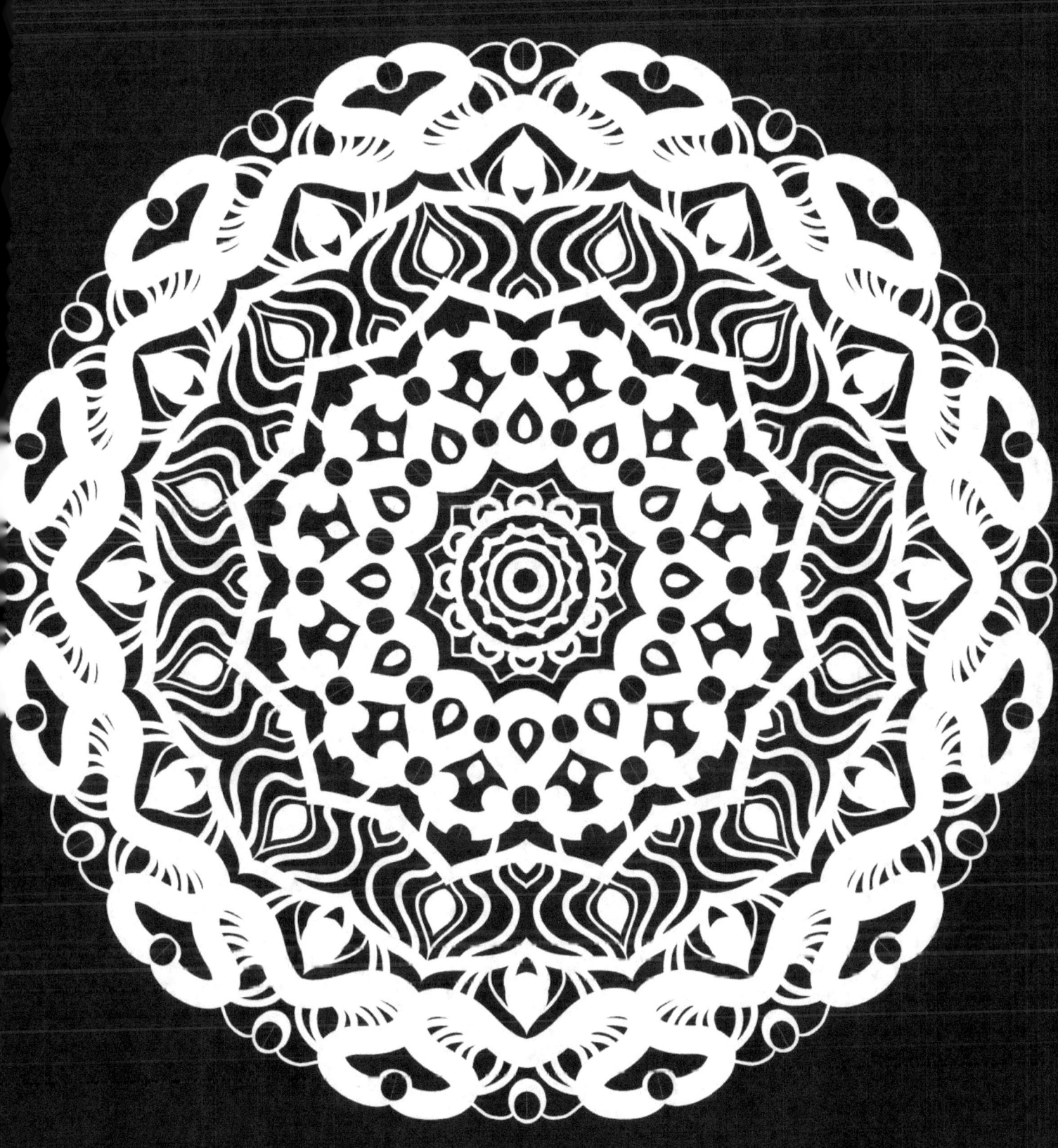

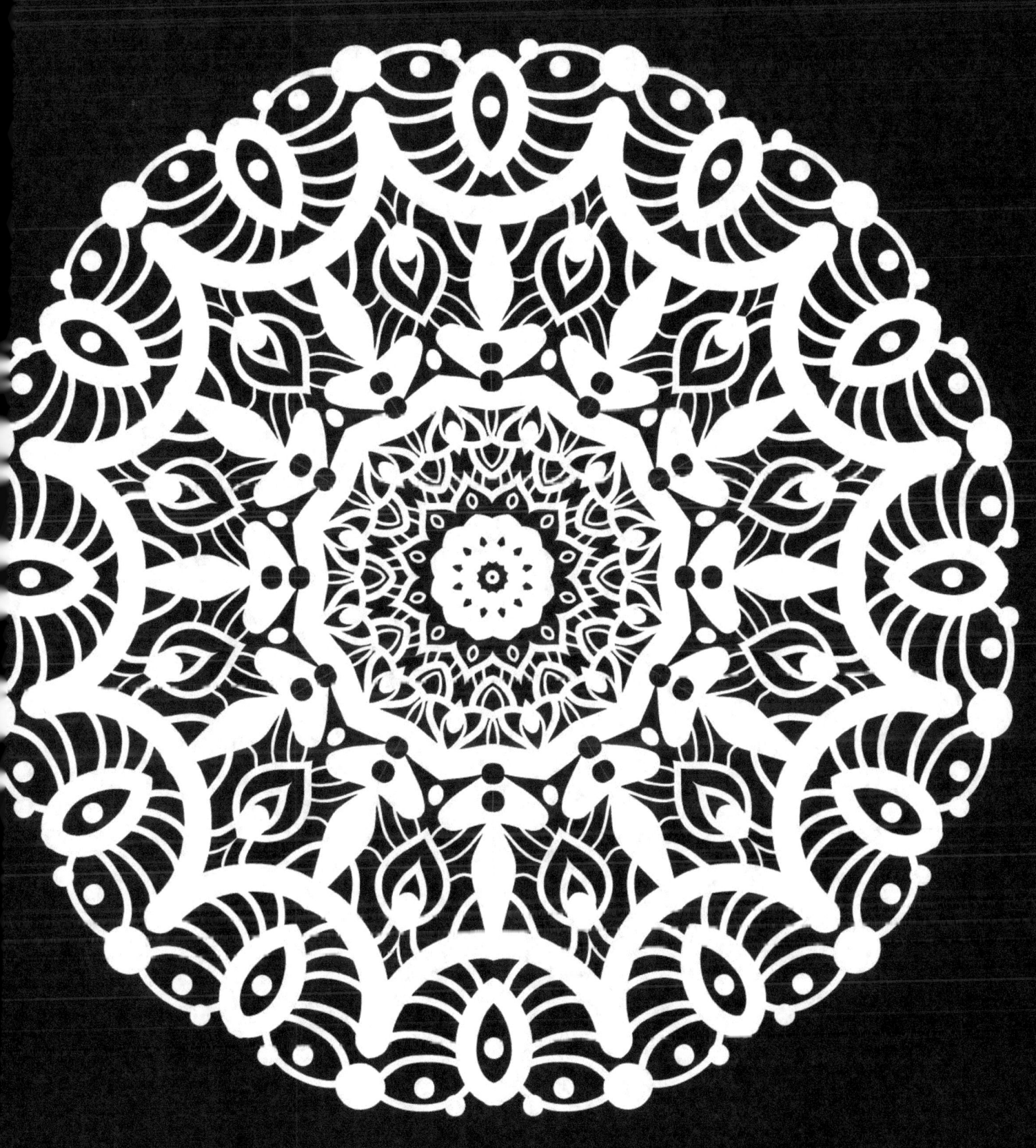

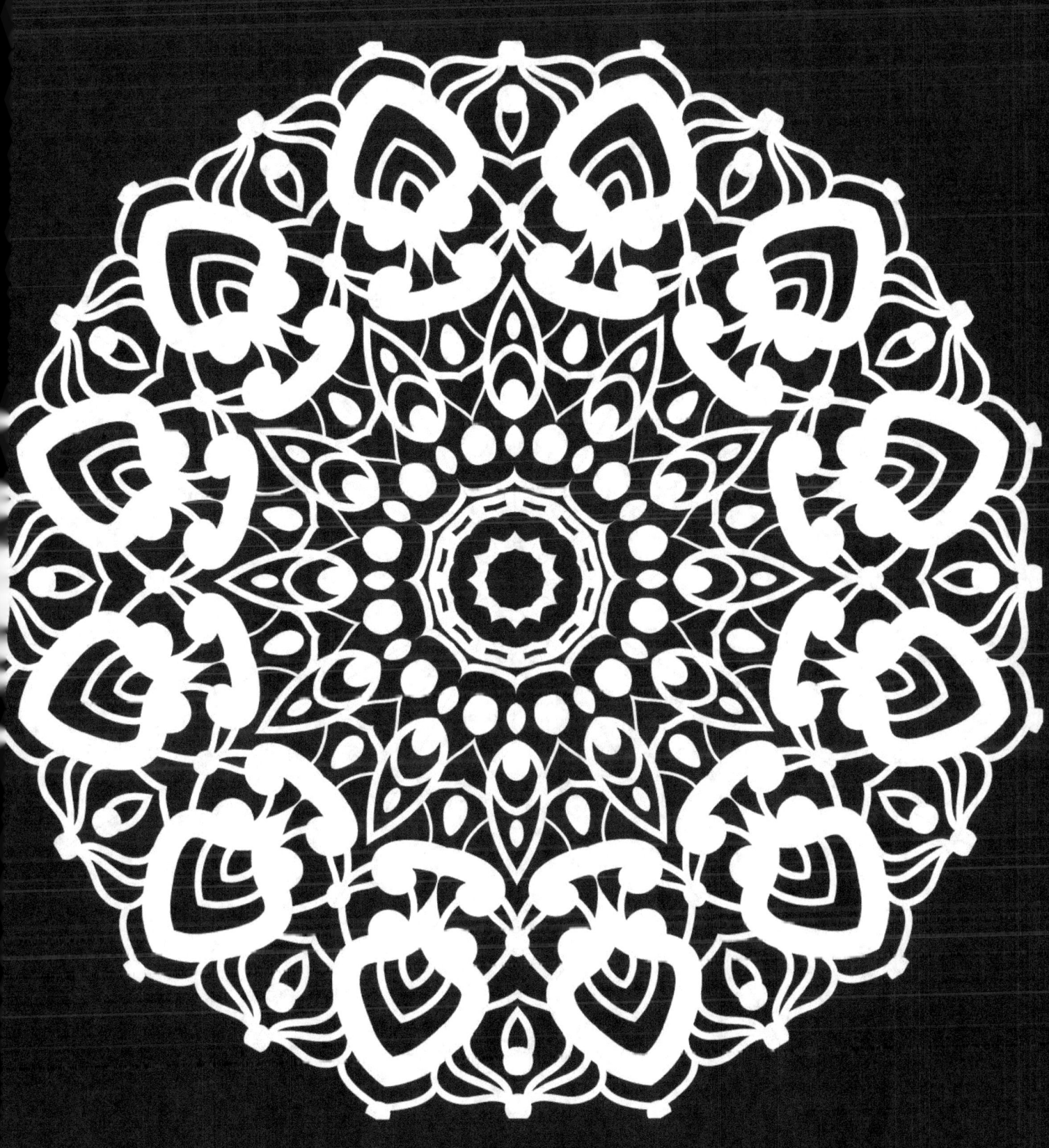

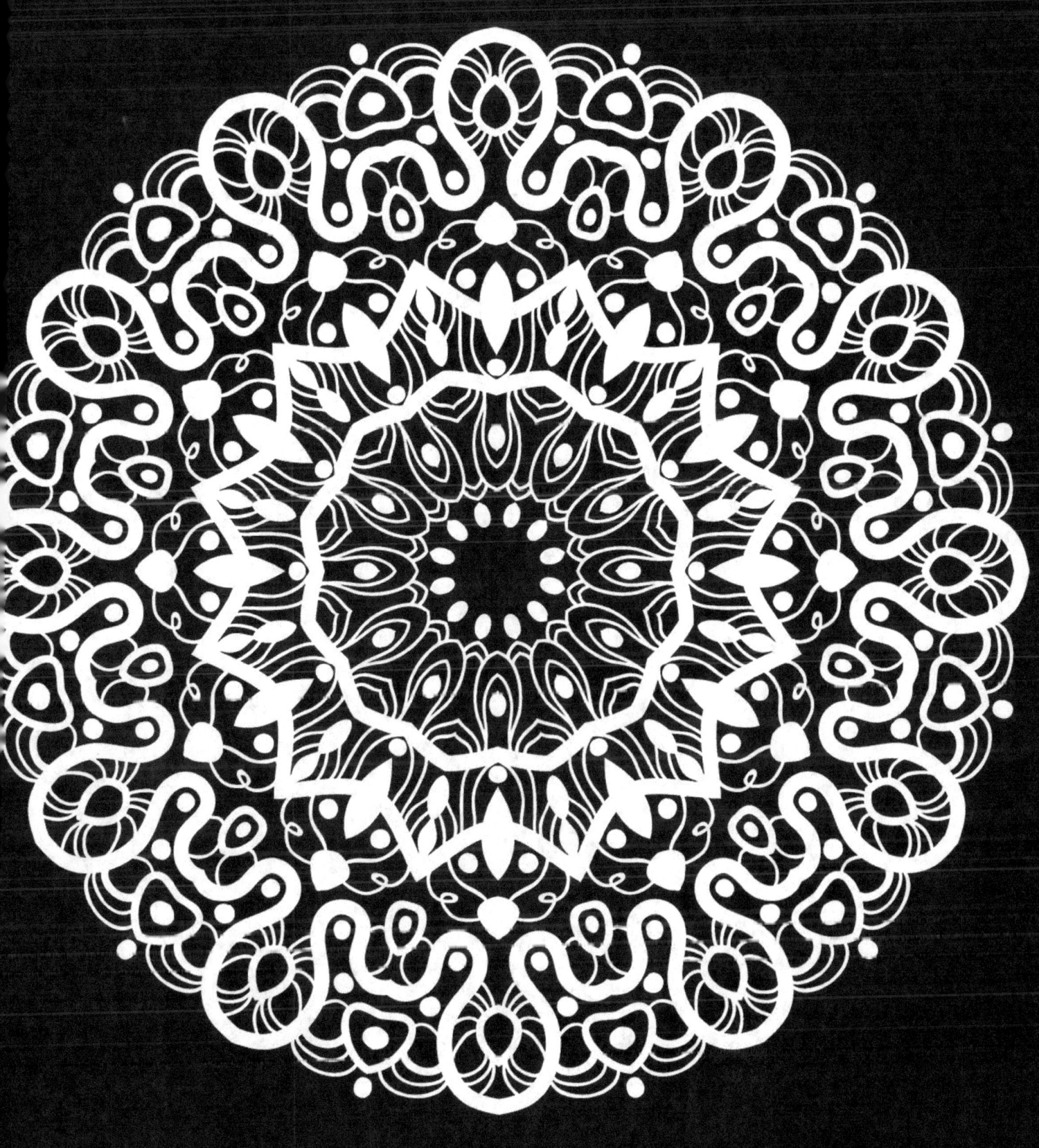

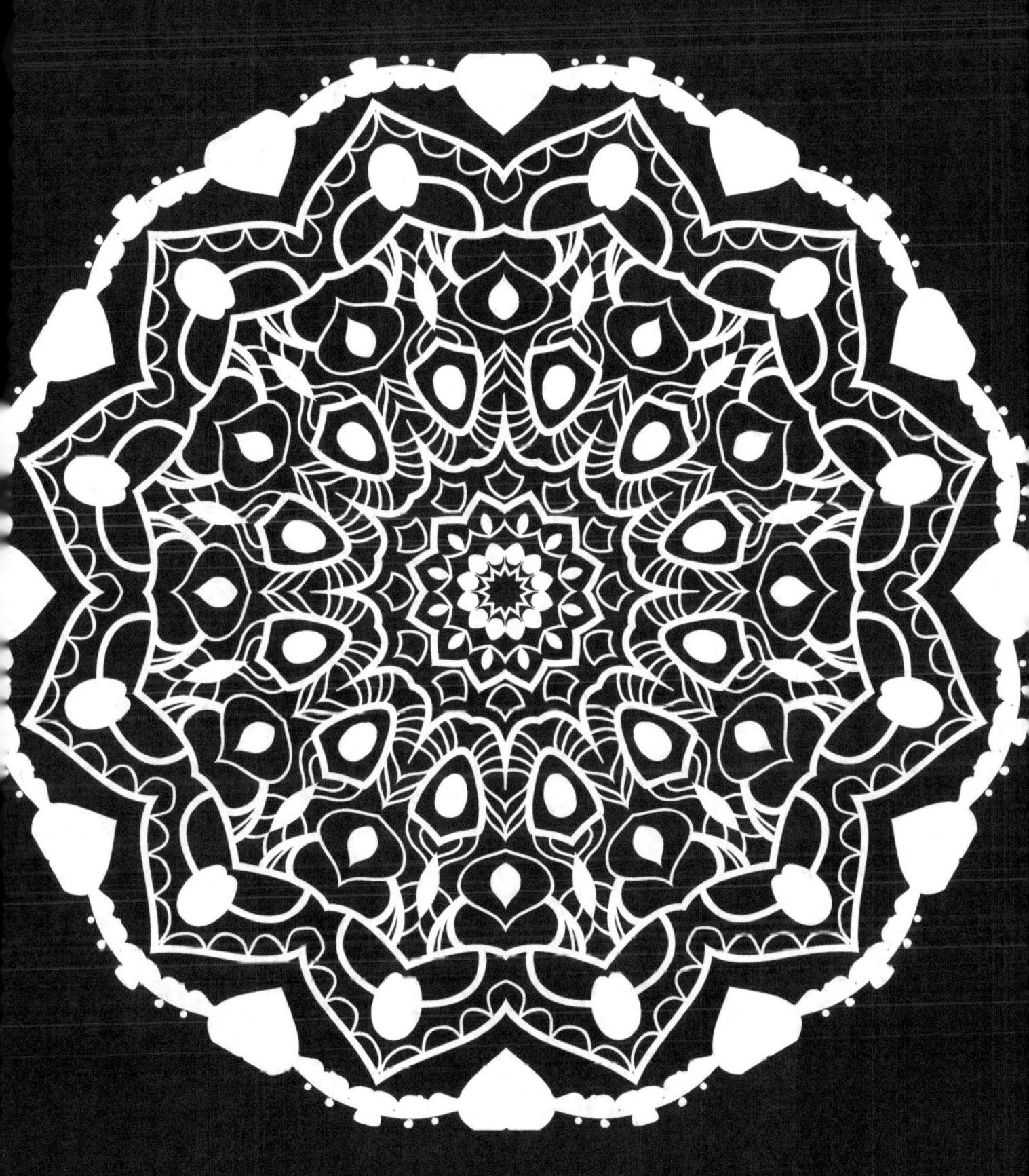

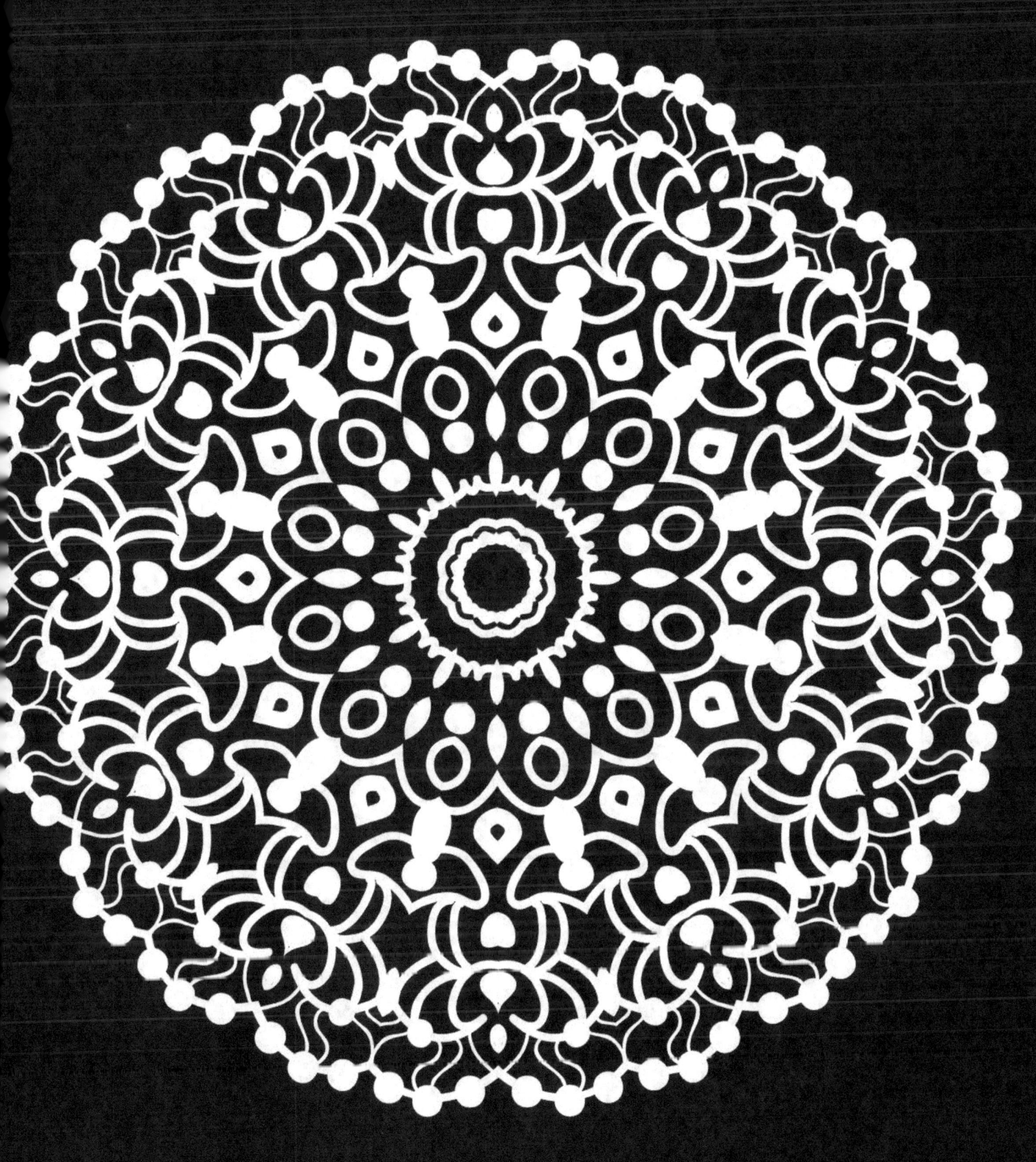

E D W A R D   R A M O S

www.facebook.com/eramos.ph

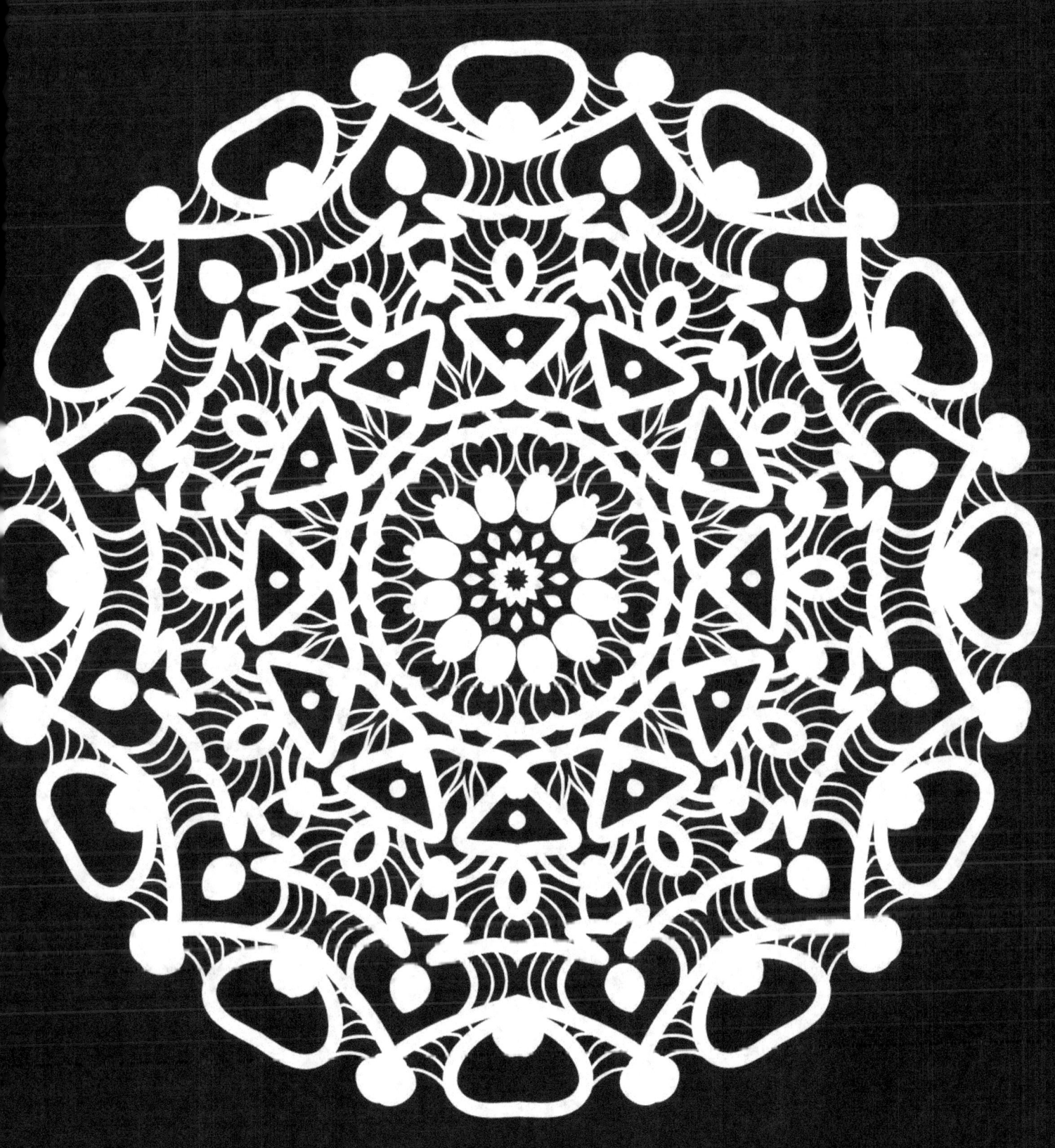

EDWARD RAMOS

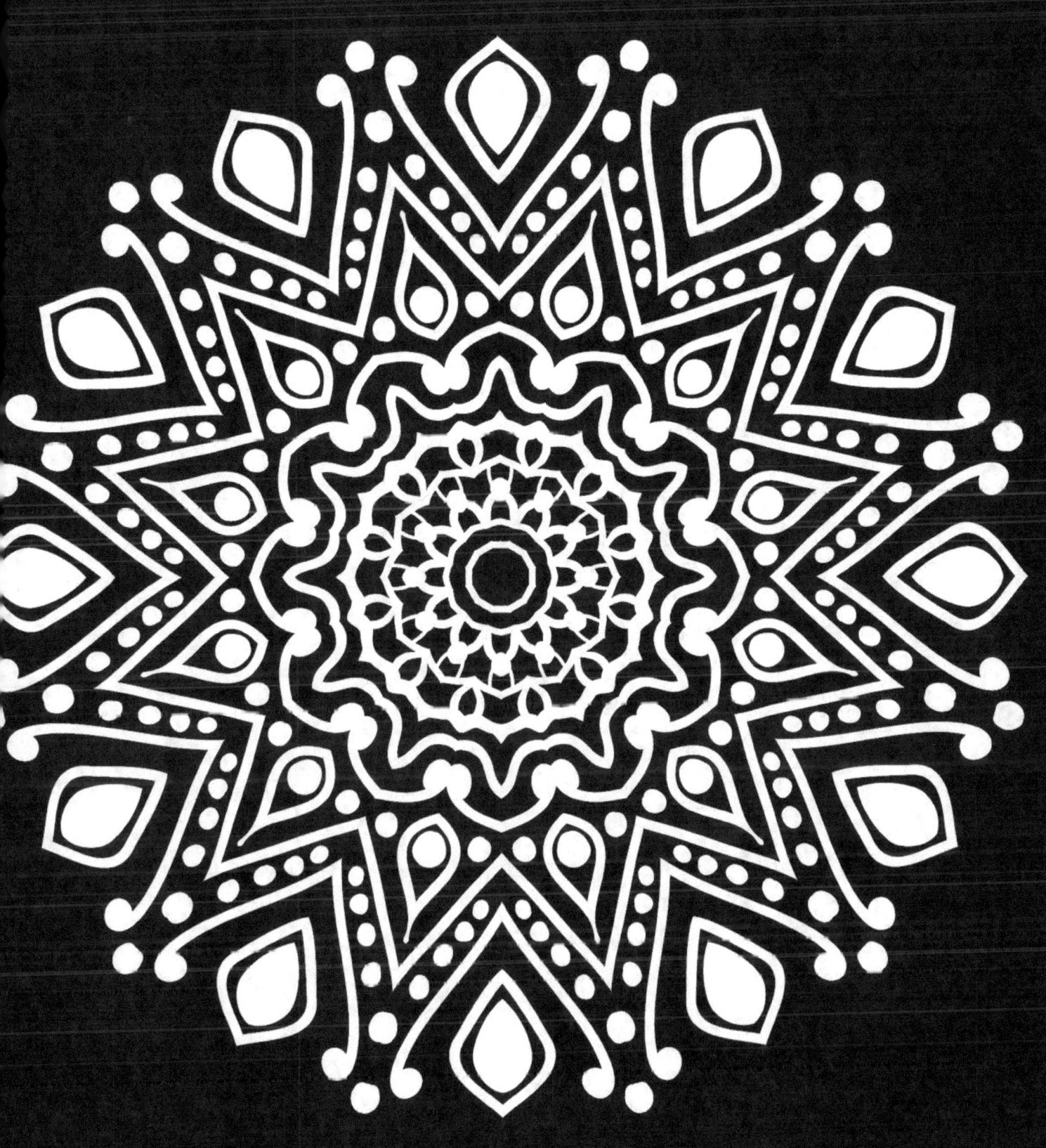

EDWARD RAMOS

www.facebook.com/eramos.ph

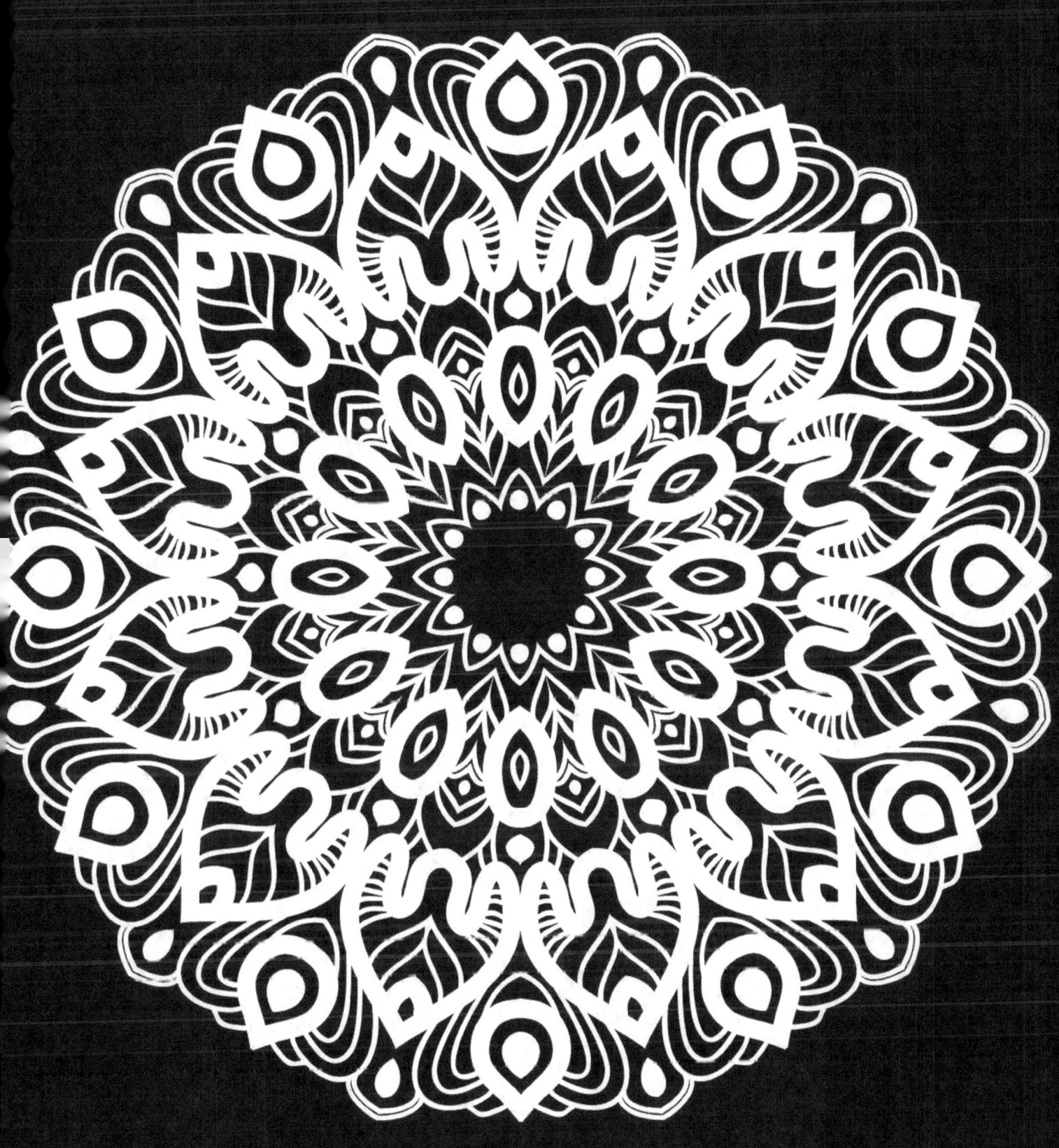

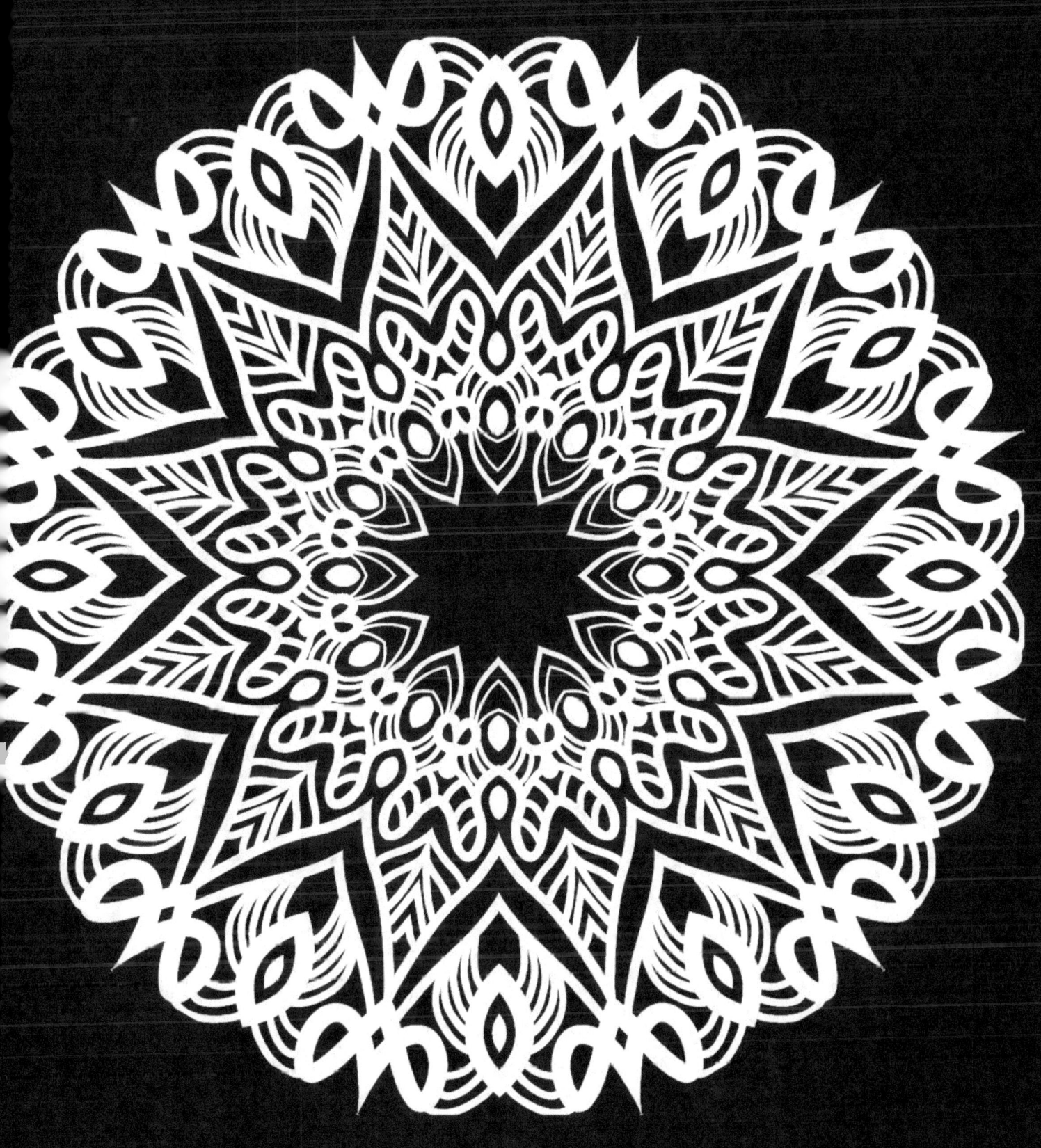

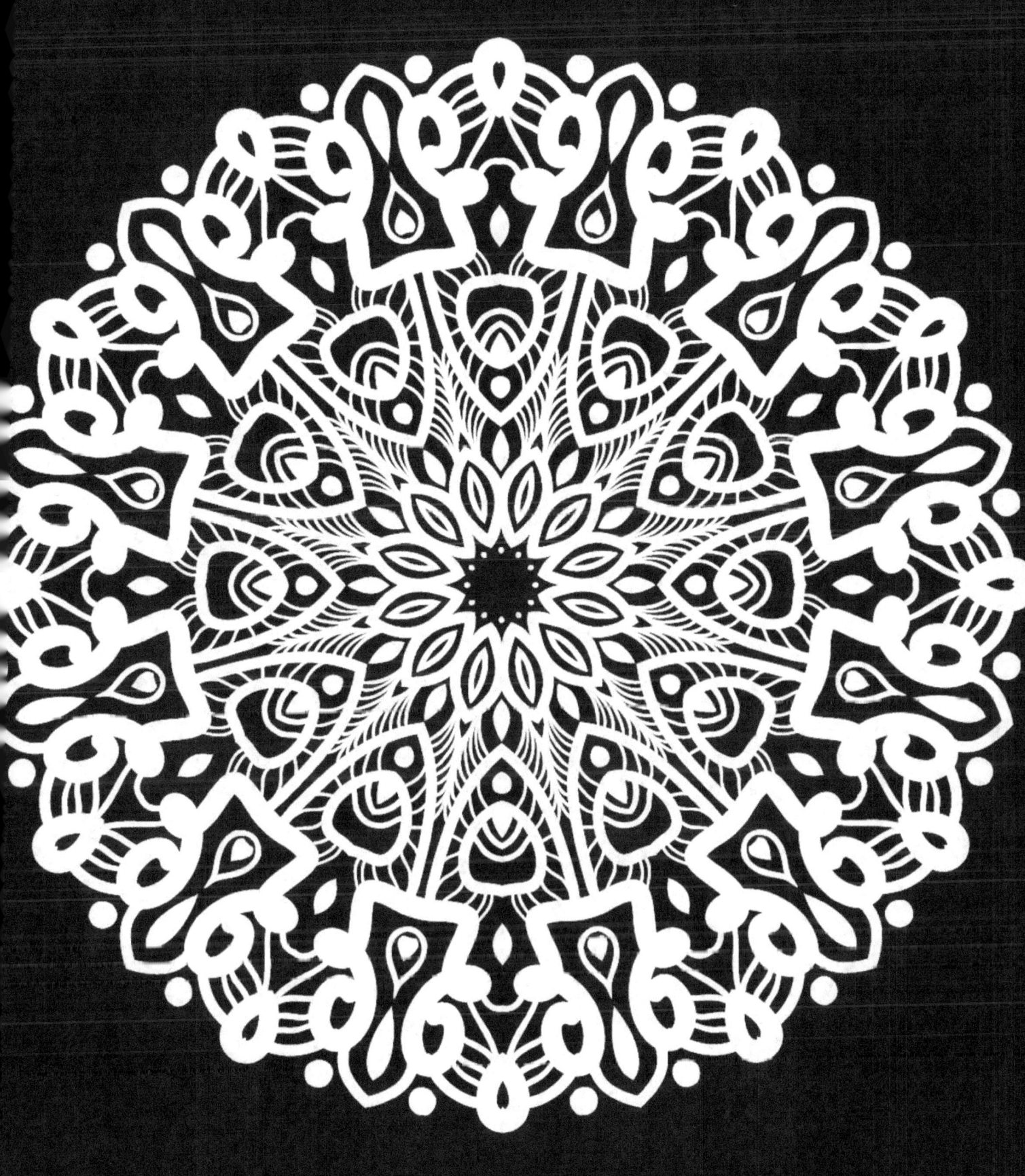

EDWARD RAMOS

www.facebook.com/eramos.ph

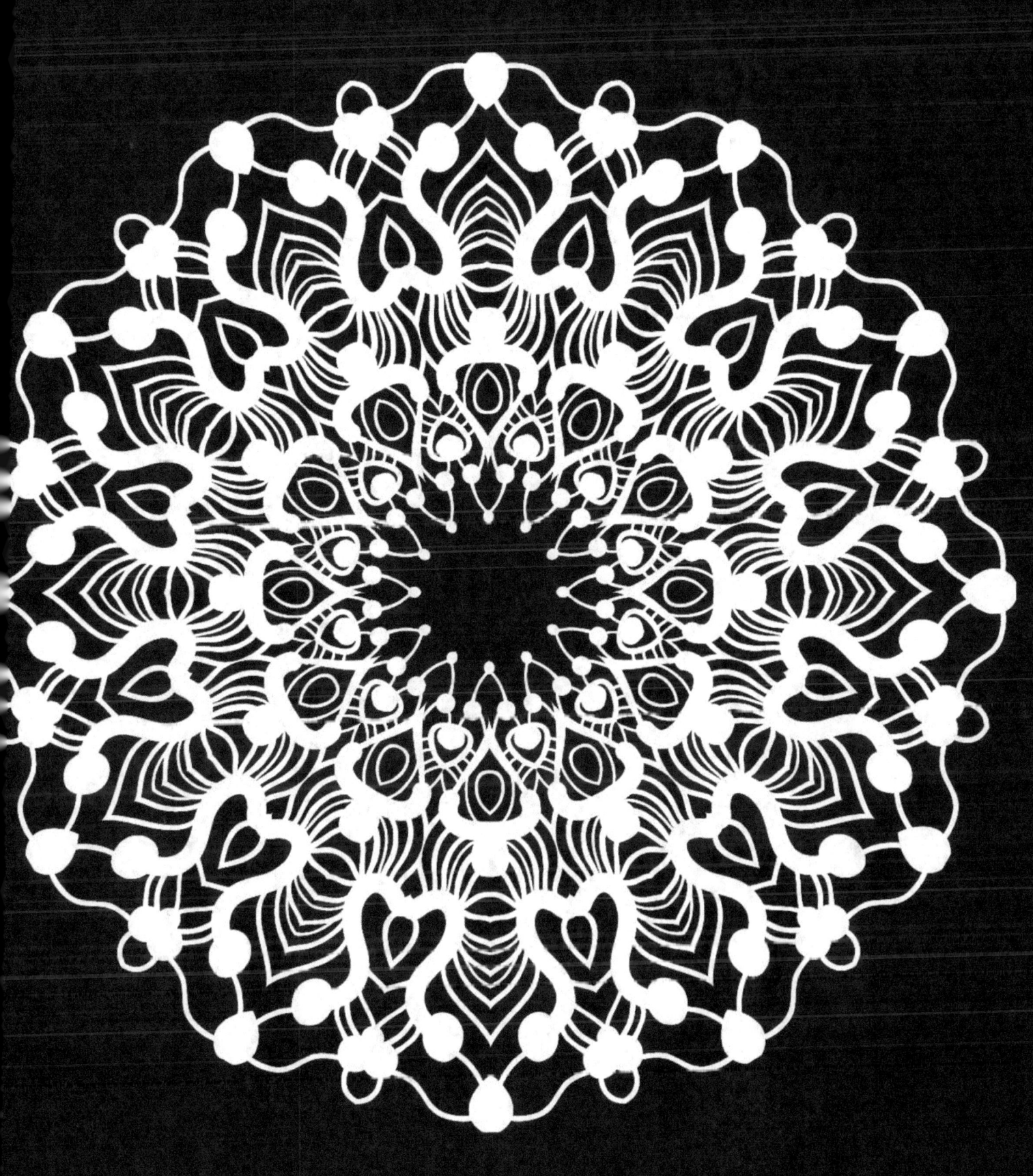

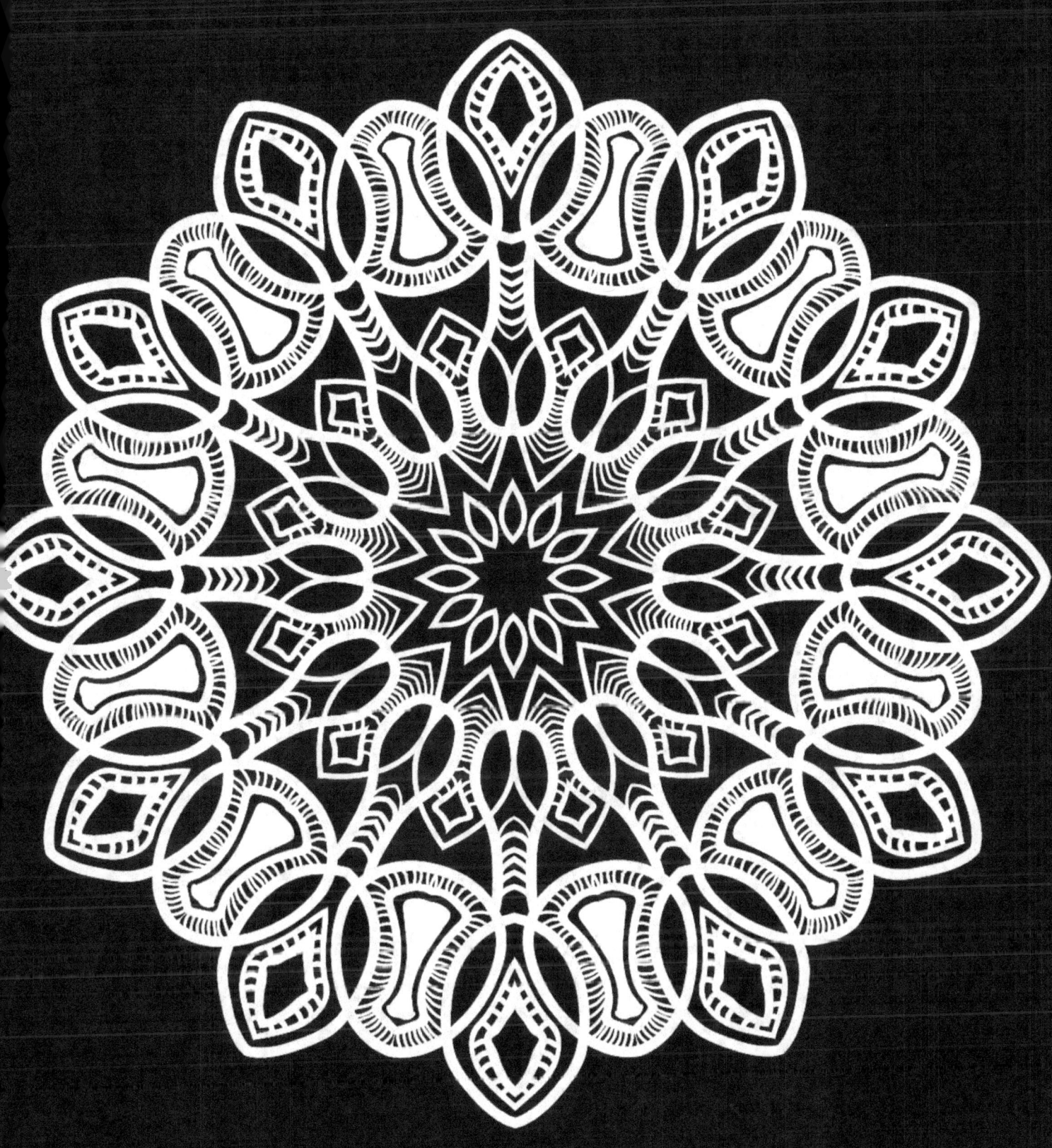

EDWARD RAMOS

www.facebook.com/eramos.ph

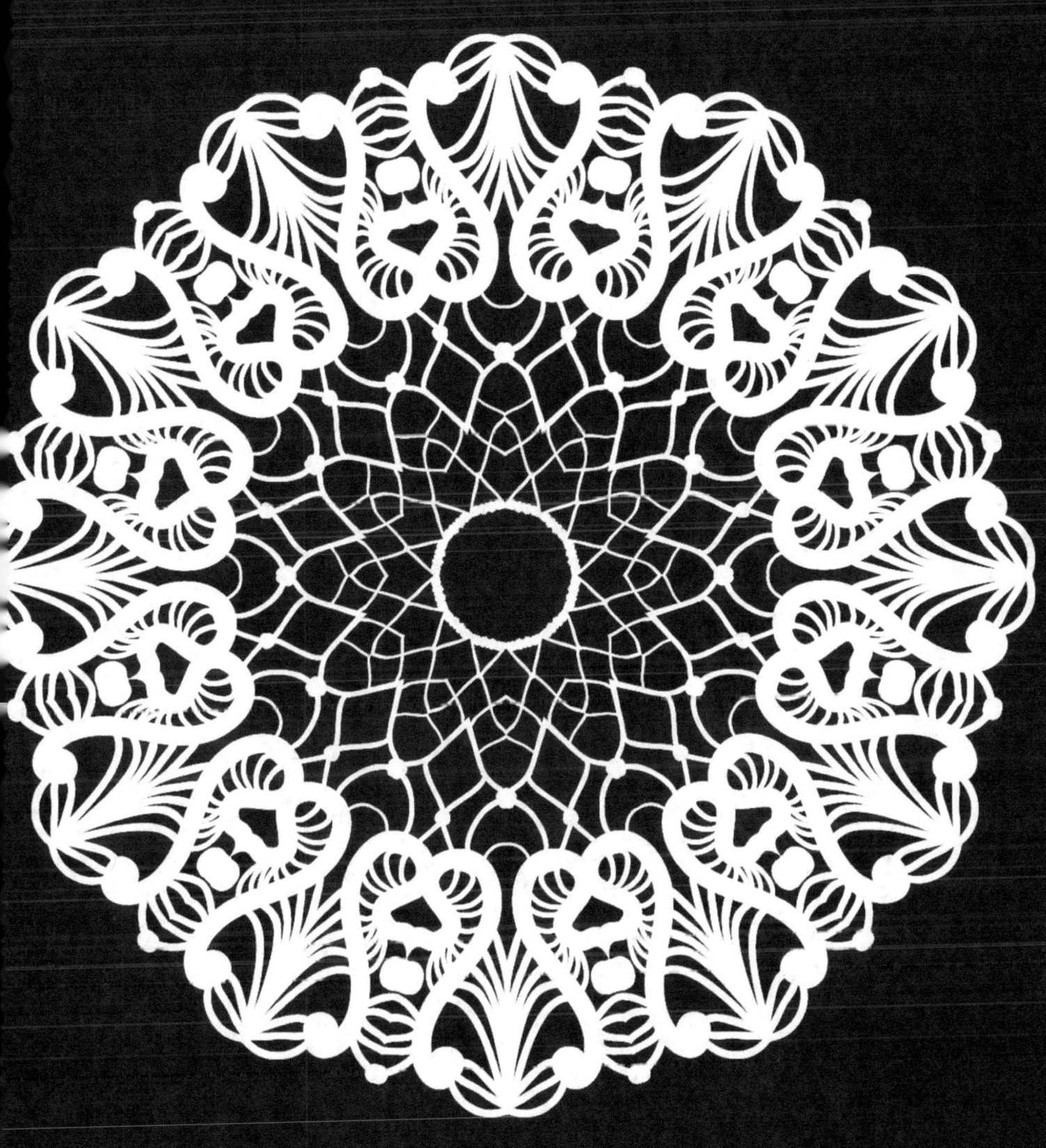

EDWARD RAMOS

www.facebook.com/eramos.ph

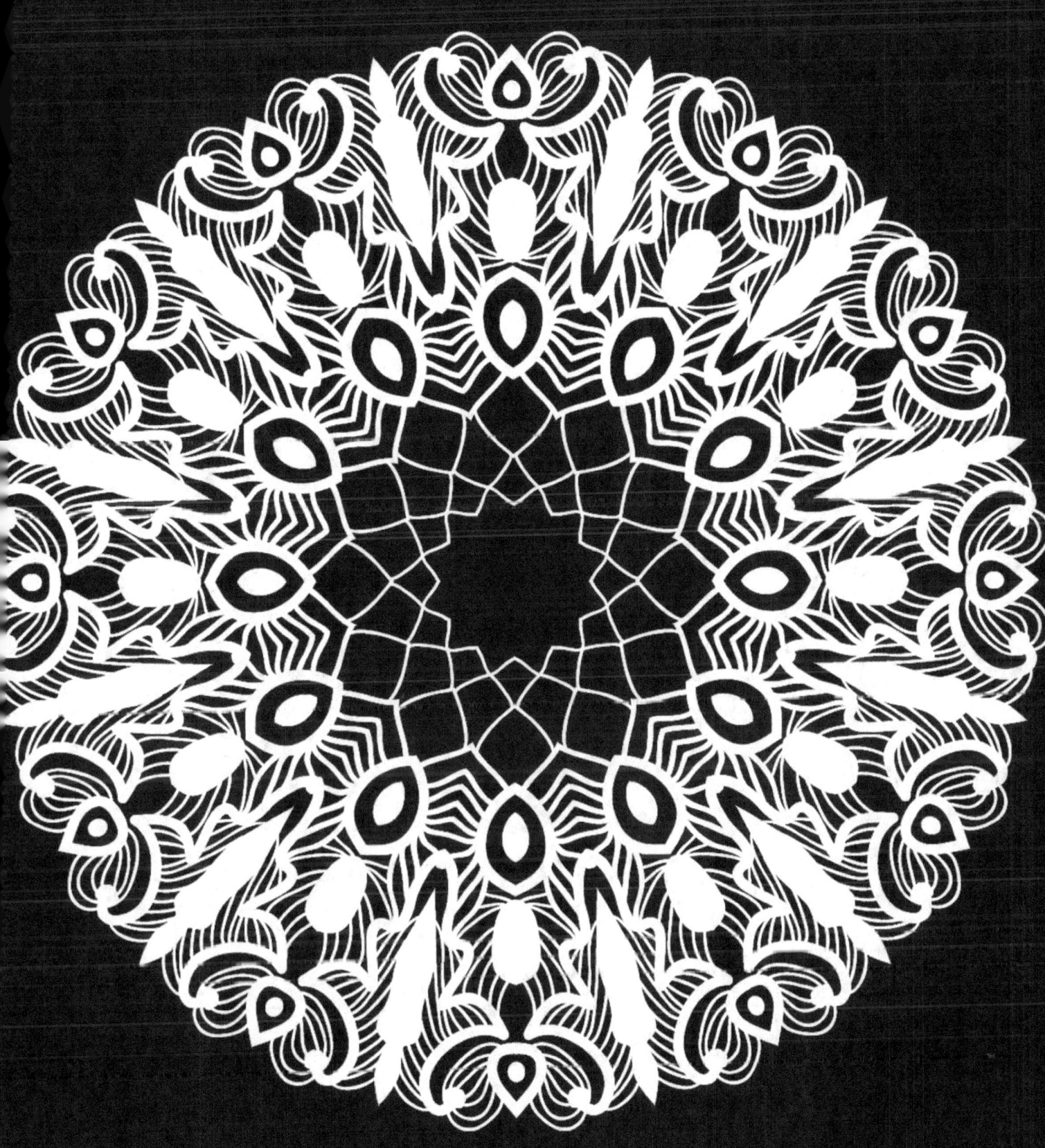

EDWARD RAMOS

www.facebook.com/eramos.ph

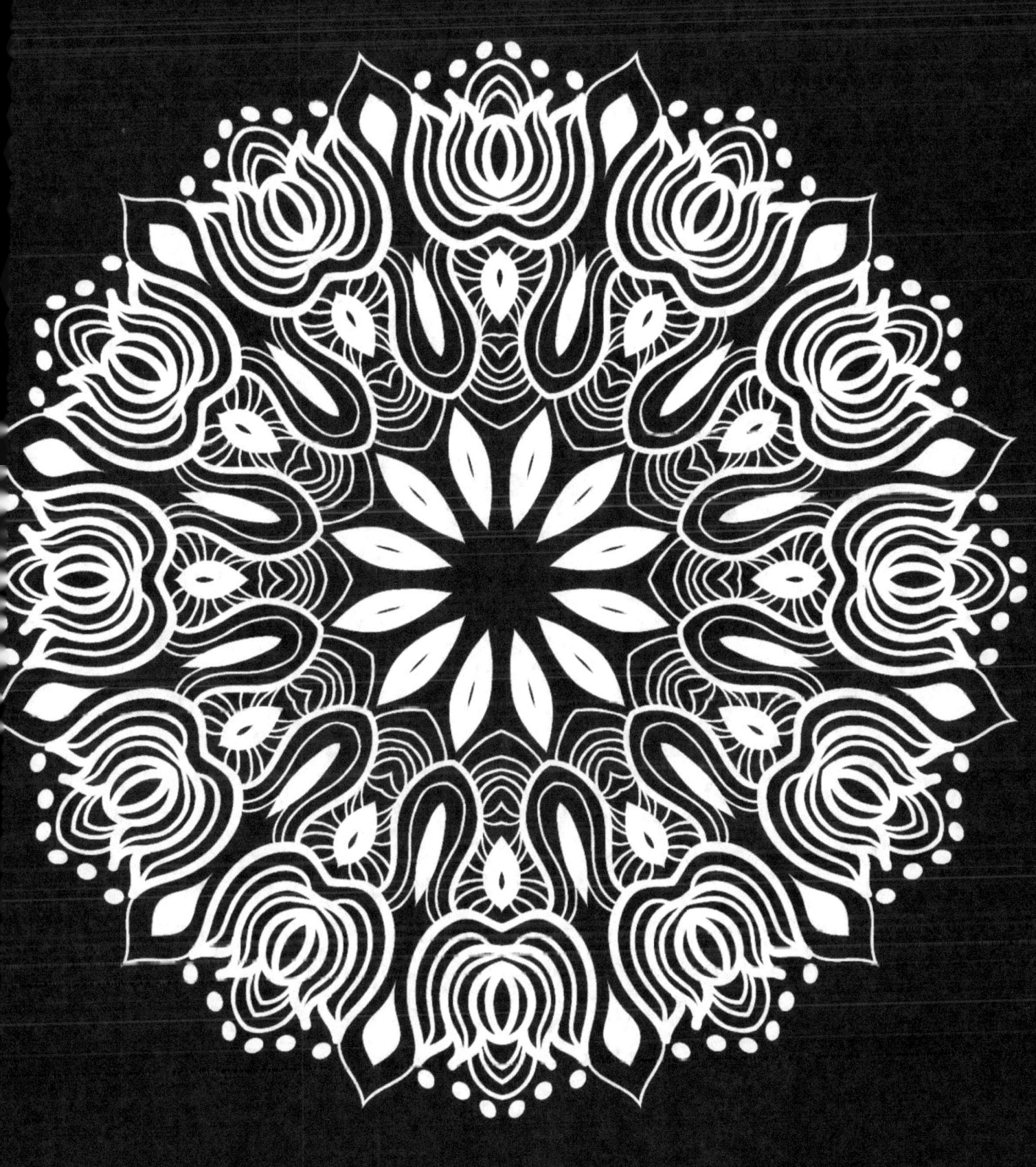

EDWARD RAMOS

www.facebook.com/eramos.ph

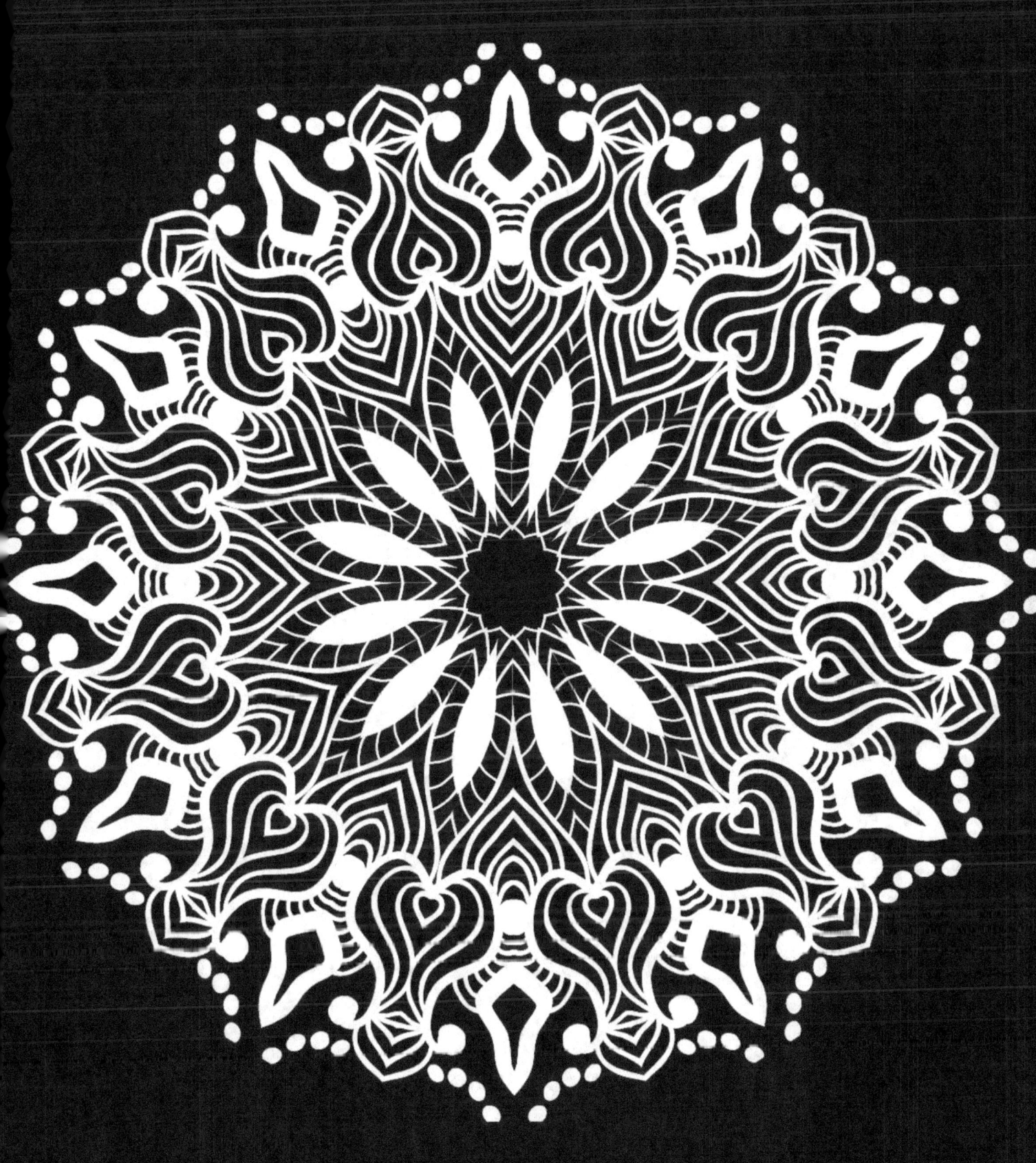

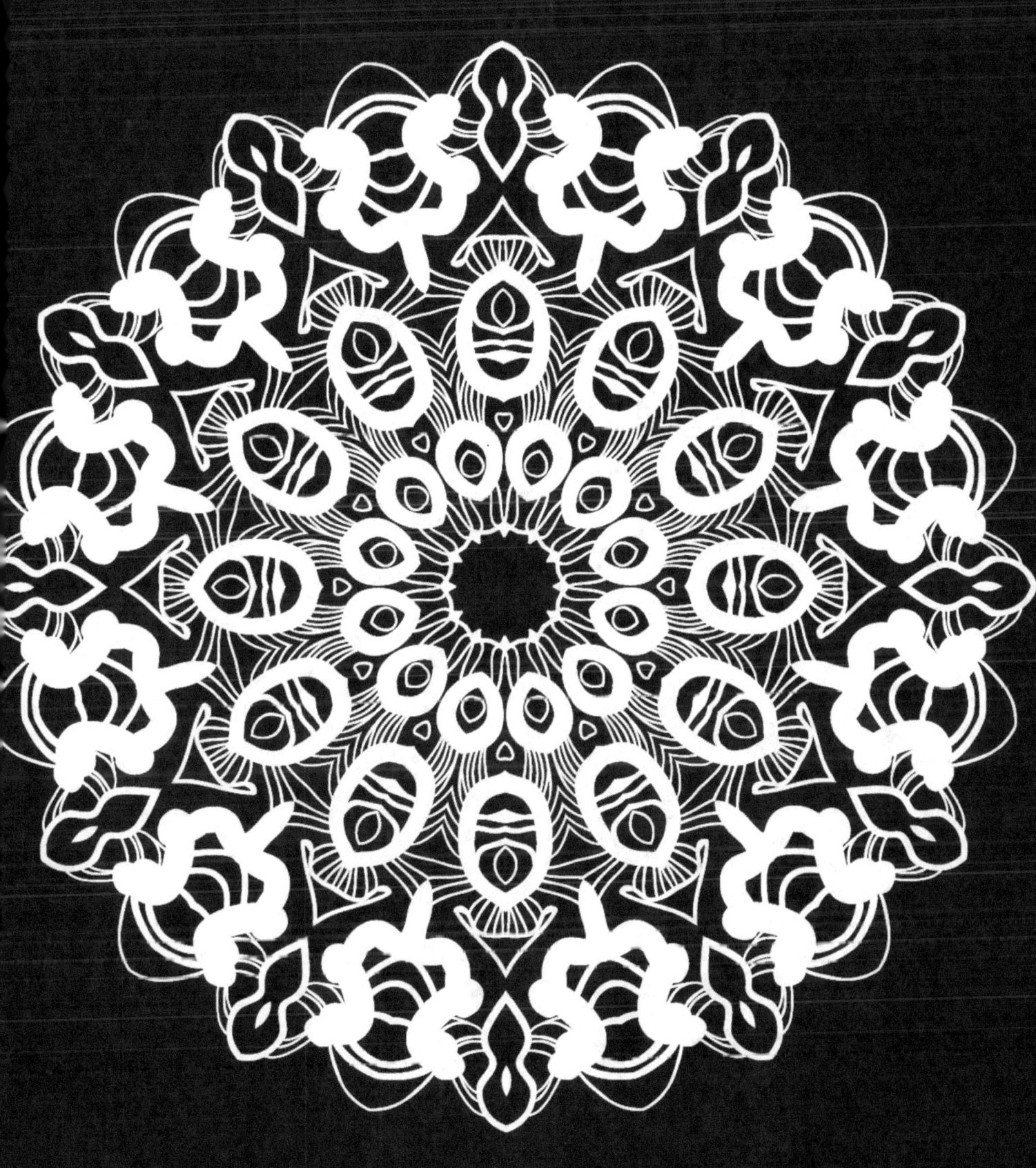

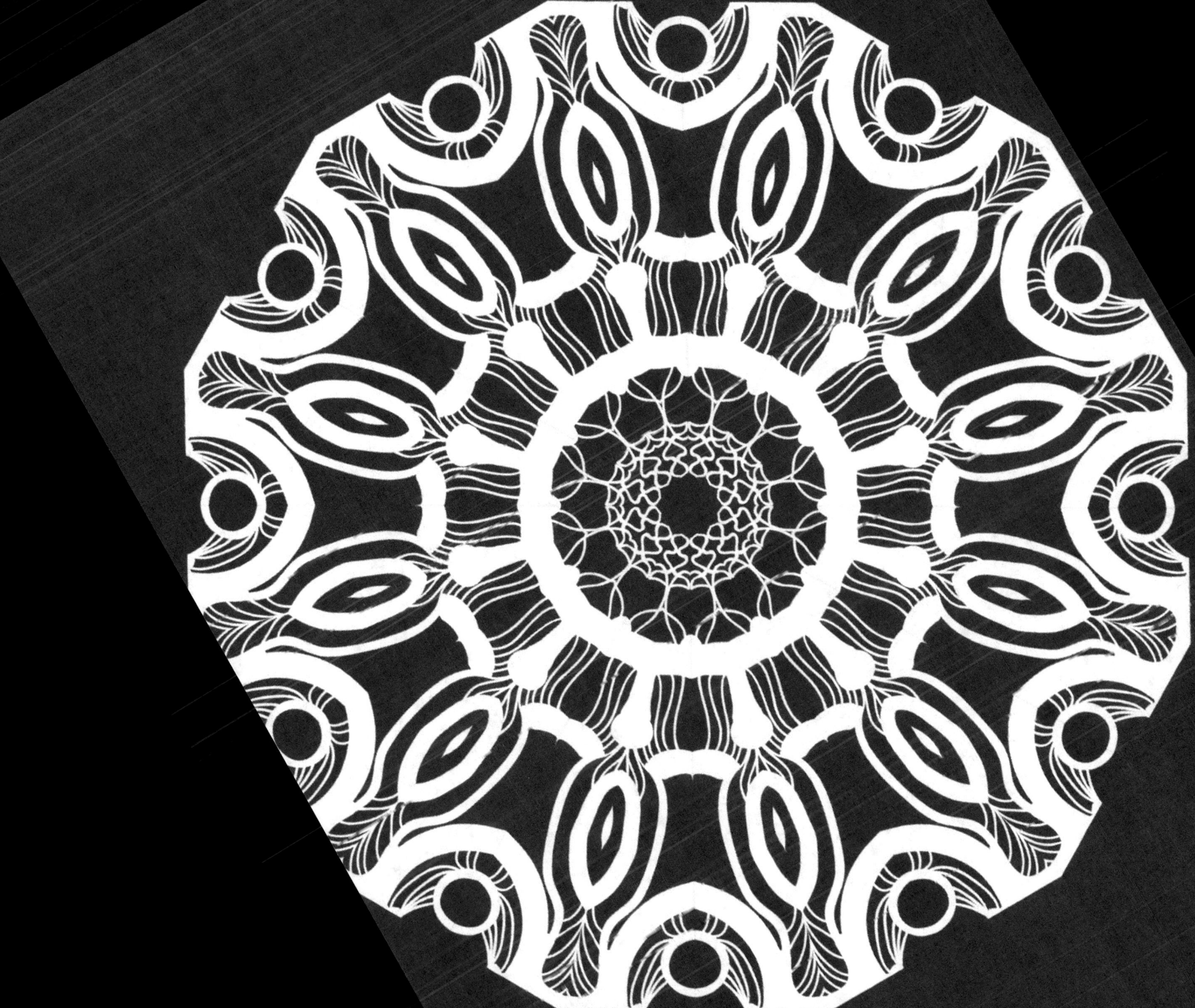

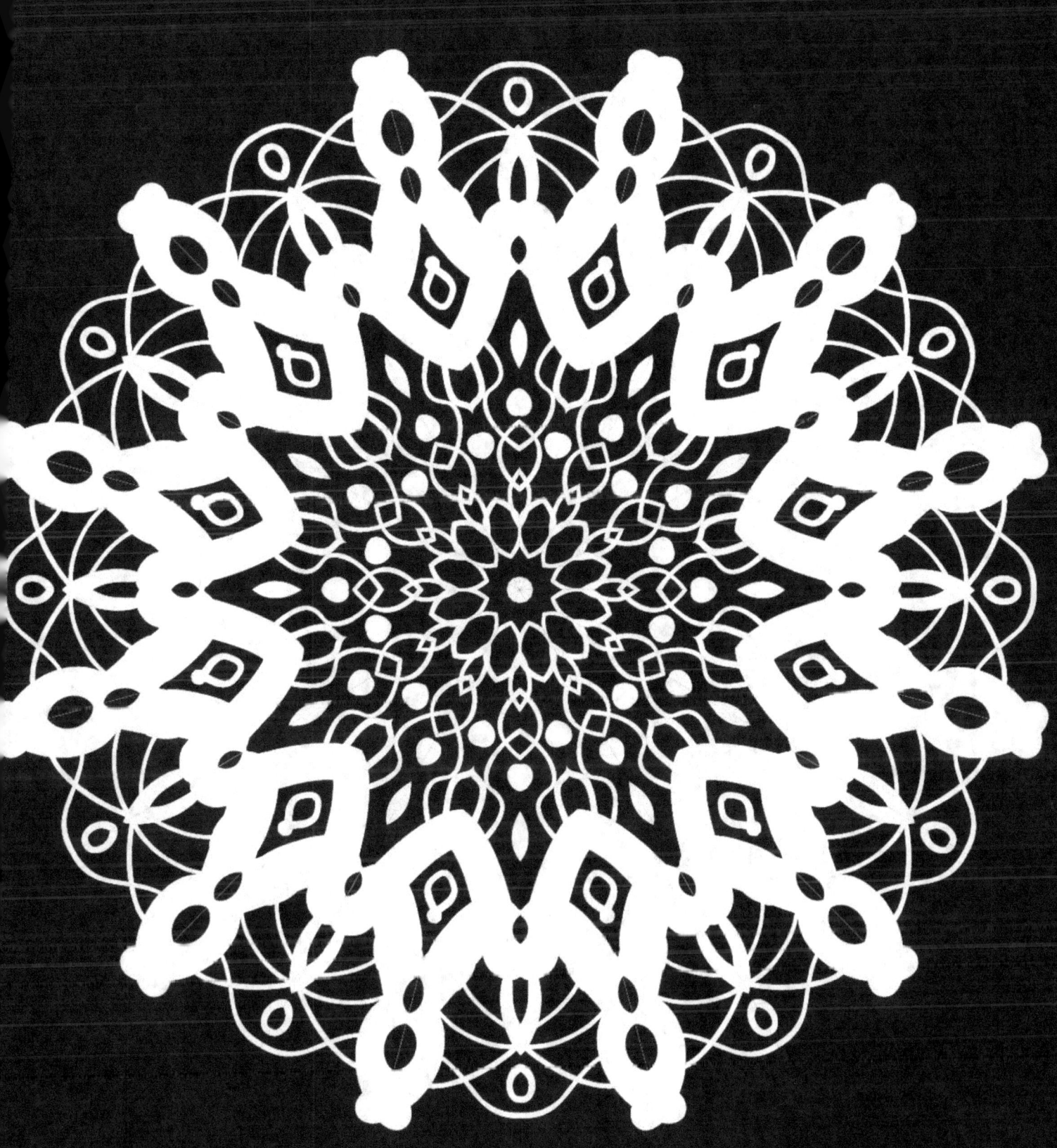

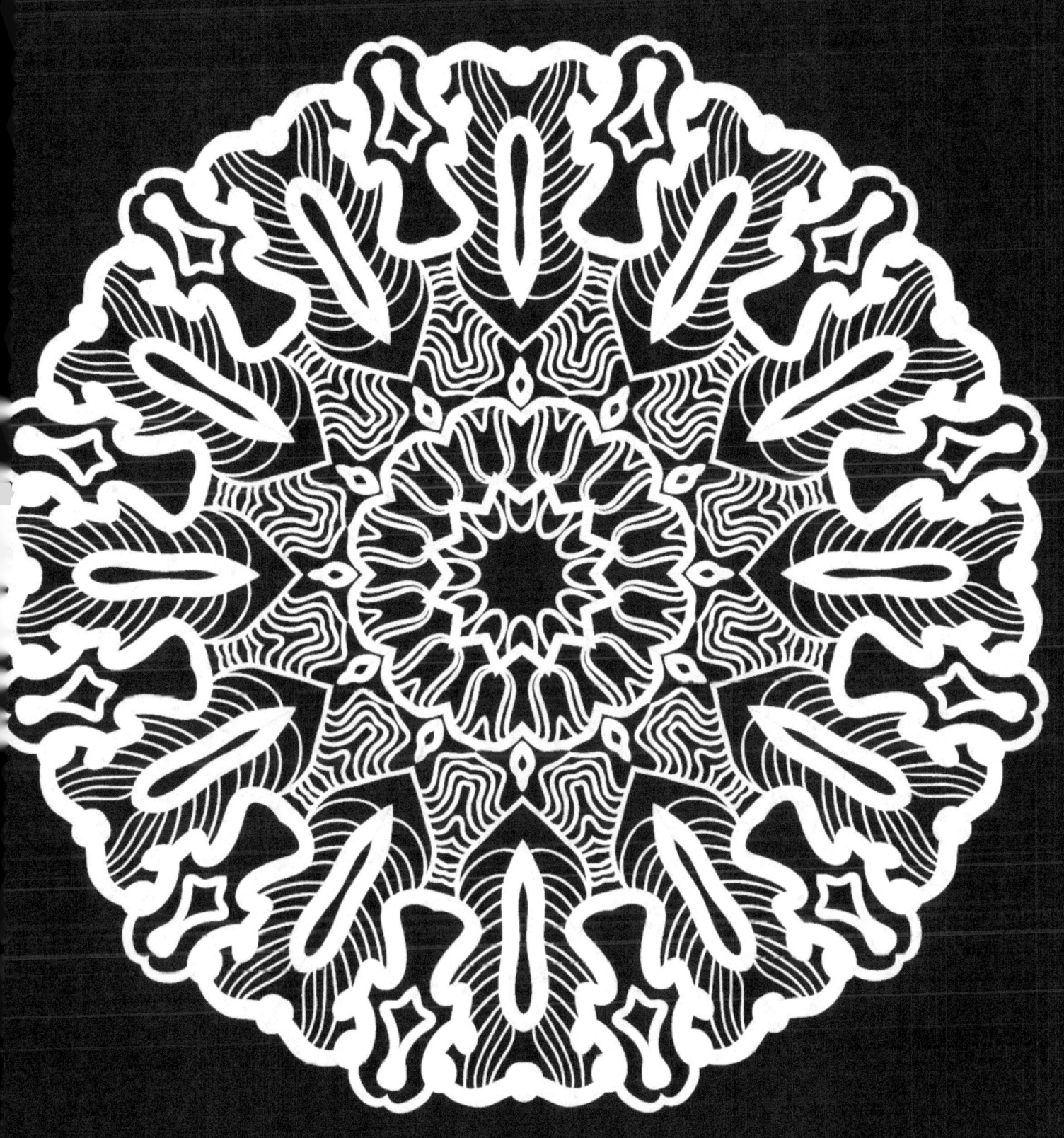

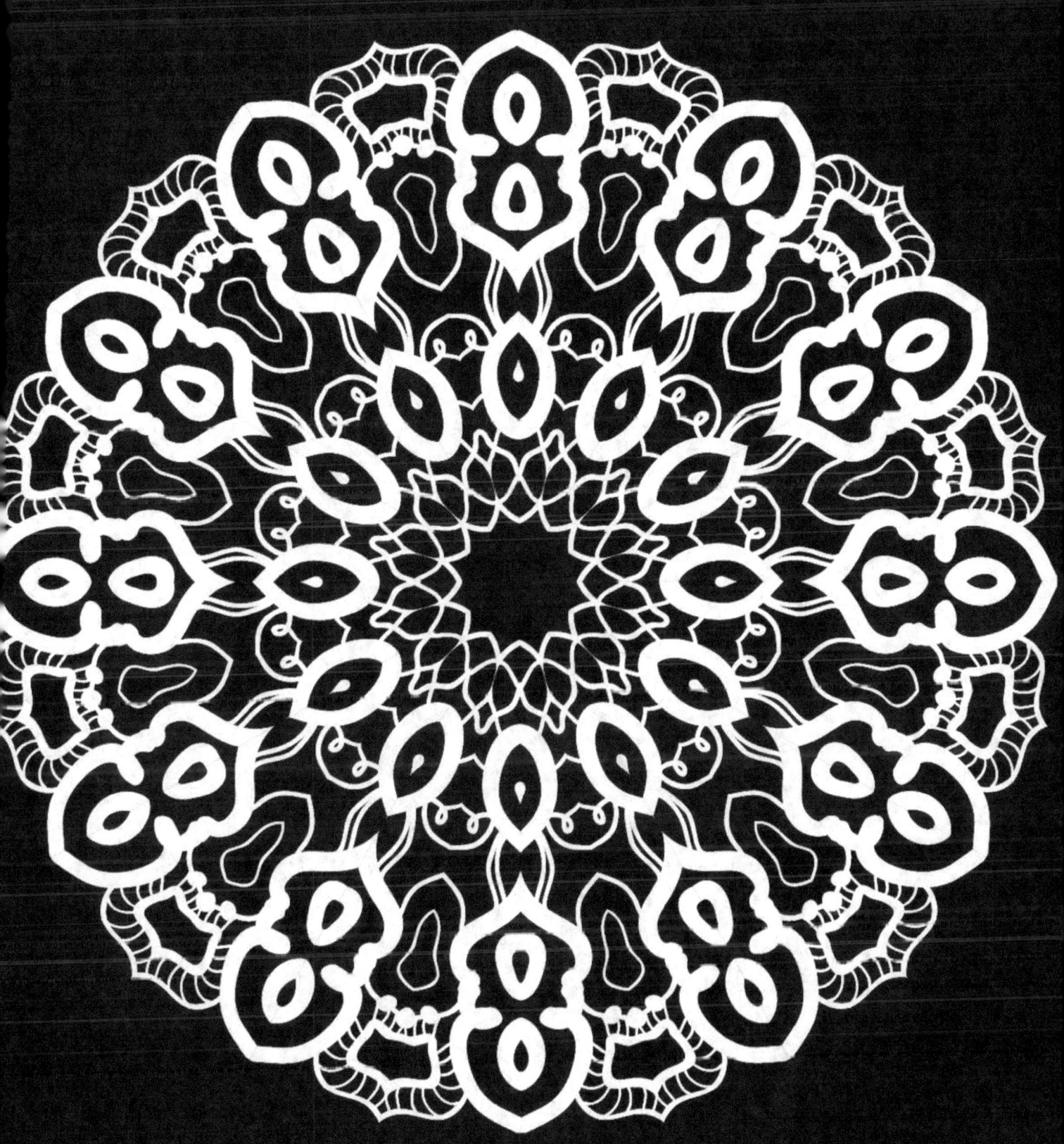

E D W A R D   R A M O S

www.facebook.com/eramos.ph

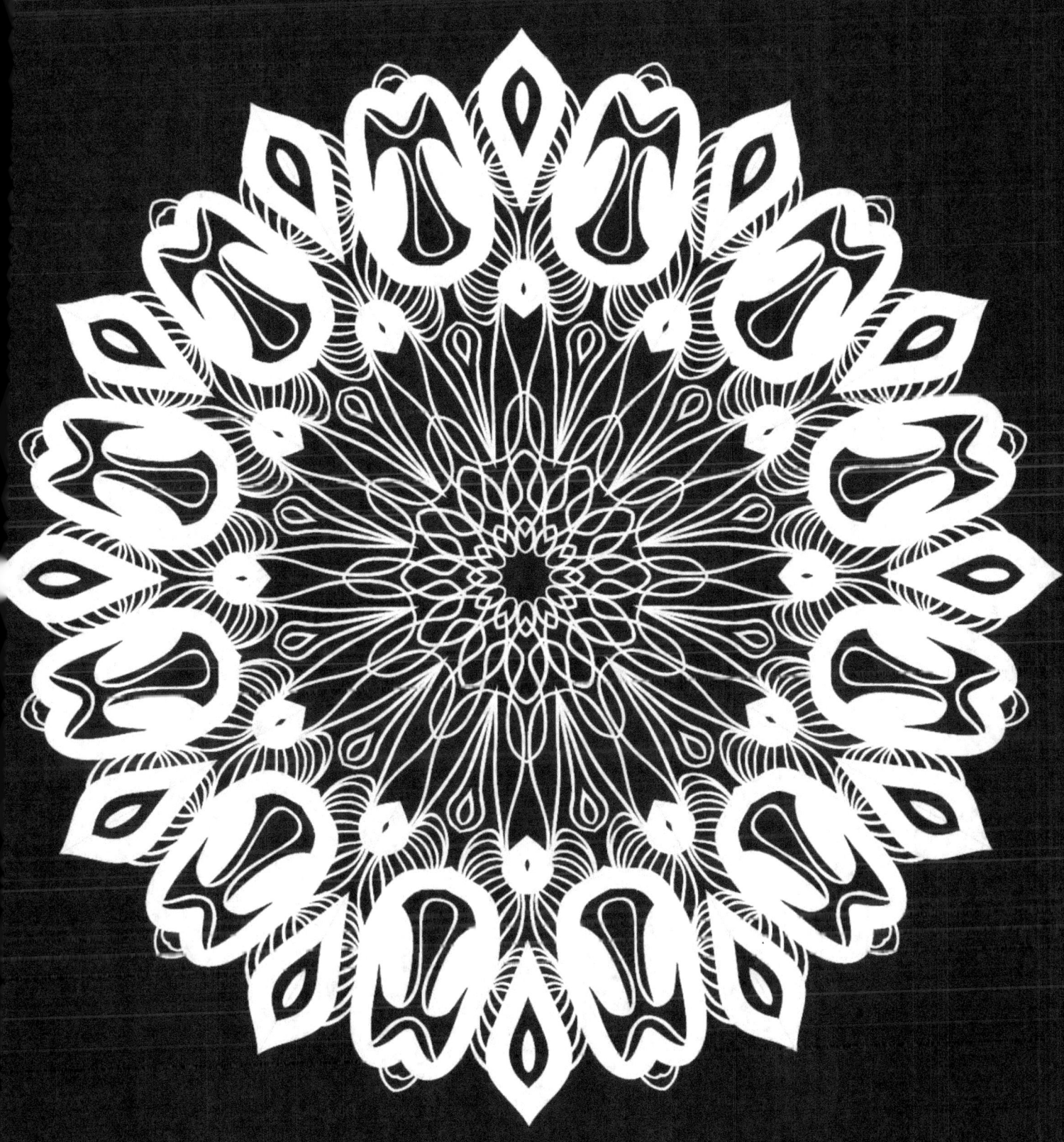

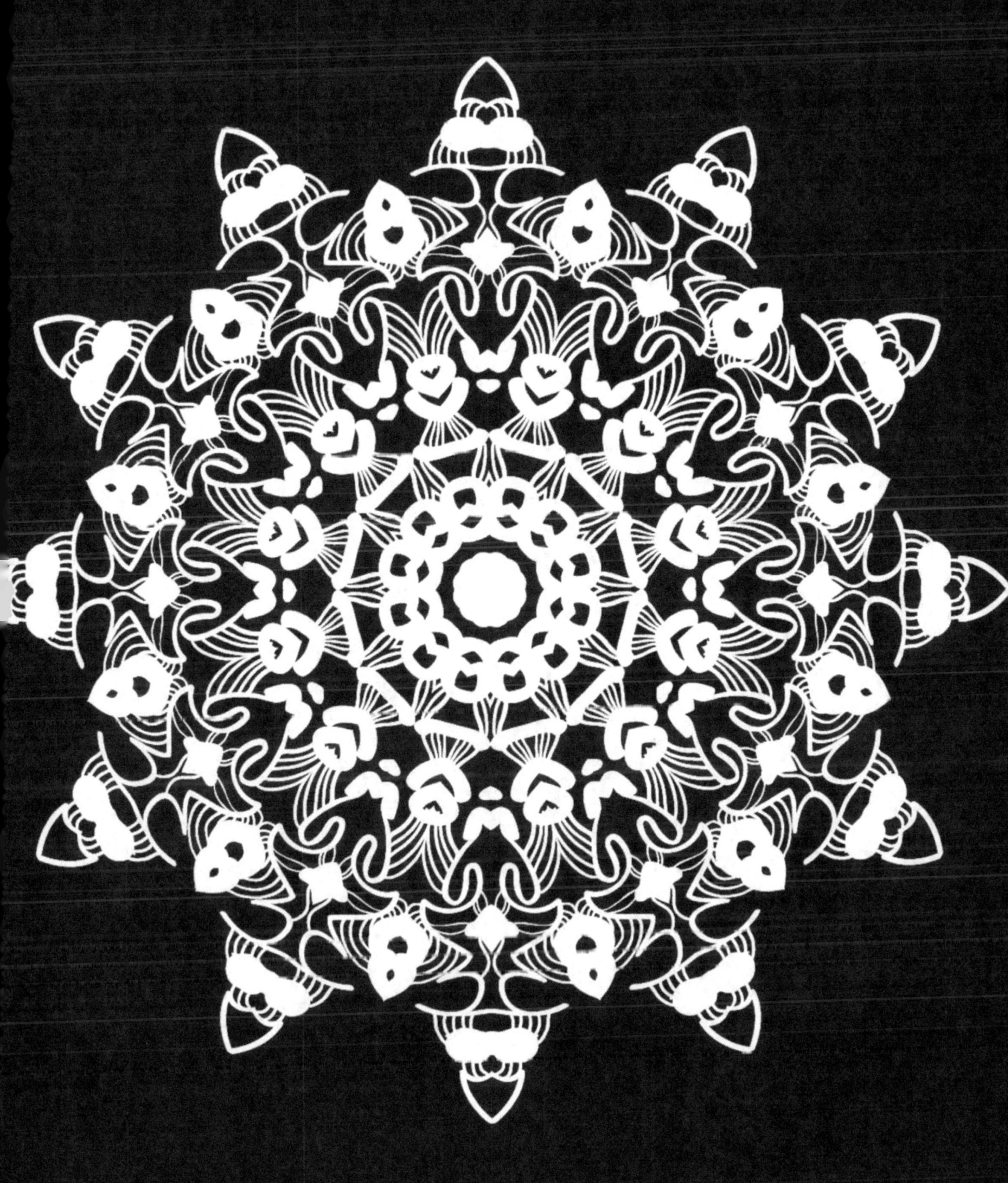

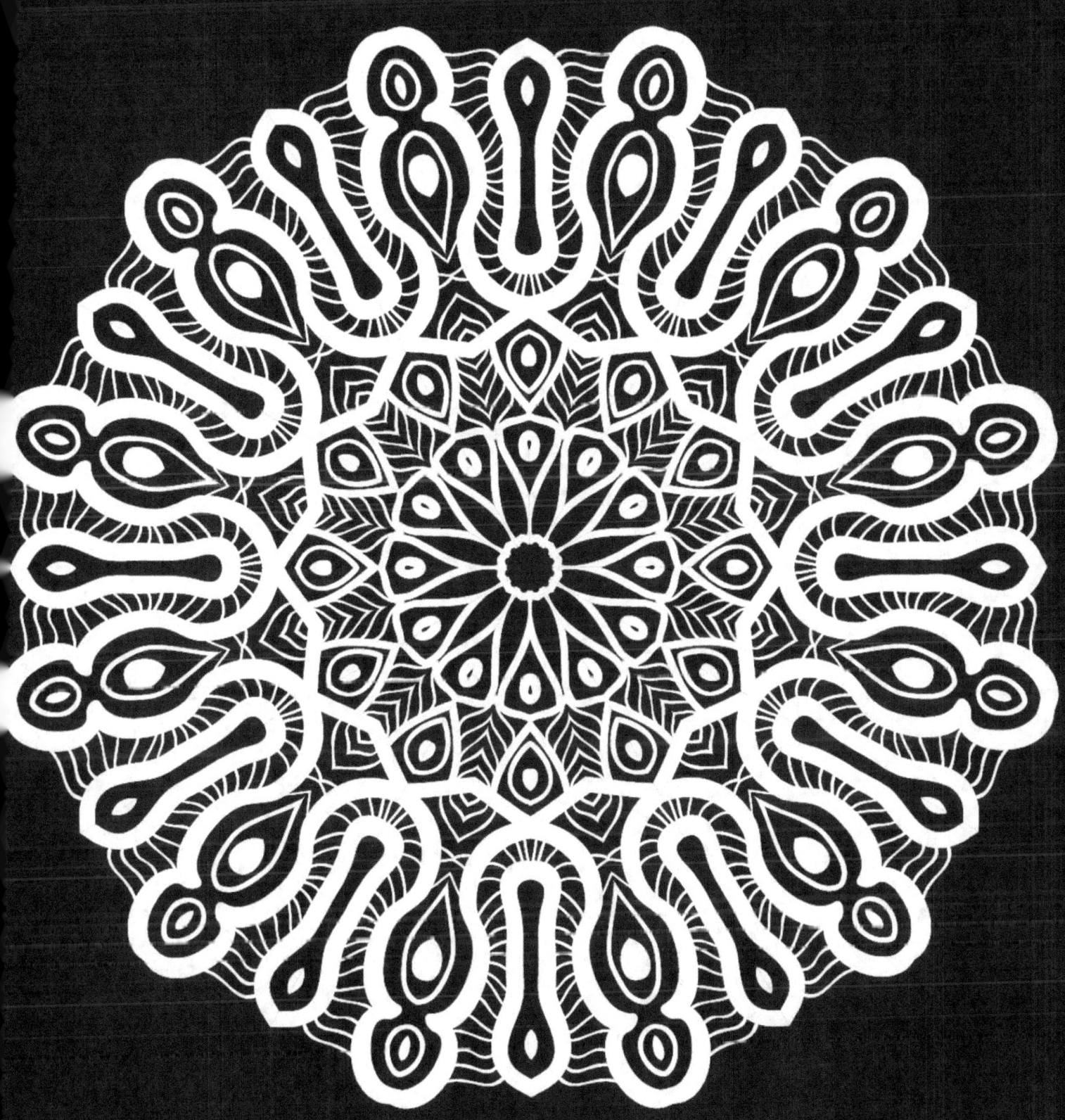

EDWARD RAMOS

www.facebook.com/eramos.ph

www.ingramcontent.com/pod-product-compliance
Lightning Source LLC
Chambersburg PA
CBHW080132240526
45468CB00009BA/2372